こども座右の銘280

生きぬく力を育む

シャスタインターナショナル◆編
国際政治文化研究会◆監修

Shasta
シャスタインターナショナル

はじめに

そもそも「座右《ざゆう》の銘《めい》」って何《なん》でしょうか？

座右《ざゆう》の銘《めい》とは、「常《つね》に自分《じぶん》の心《こころ》にとめておいて、戒《いまし》めや励《はげ》ましとする格言《かくげん》」（『大辞林第三版《だいじりんだいさんぱん》』）とされています。つまり、これからの生《い》き方《かた》を教《おし》えてくれたり考《かんが》え方《かた》の参考《さんこう》になったり、する言葉《ことば》です。

早《はや》いうちから歴史上《れきしじょう》の偉人《いじん》の言葉《ことば》にふれることは、生《い》き抜《ぬ》く力《ちから》を育《はぐく》んだり、心《こころ》の成長《せいちょう》にとってとても有意義《ゆういぎ》なことです。

この本《ほん》には、歴史上《れきしじょう》の偉人《いじん》、有名人《ゆうめいじん》、成功《せいこう》した実業家《じつぎょうか》、哲学者《てつがくしゃ》などの賢者《けんじゃ》、文豪《ぶんごう》、日本《にほん》の武将《ぶしょう》たち１２０人《にん》、２８０の言葉《ことば》を集《あつ》めました。

よく知《し》っている人《ひと》から、あまり名前《なまえ》を聞《き》いたことのない人《ひと》までいると思《おも》いますが、どの人《ひと》たちも、とても印象深《いんしょうぶか》い言葉《ことば》を残《のこ》した人《ひと》たちばかりです。

中《なか》には難《むずか》しい表現《ひょうげん》の言葉《ことば》もあるかもしれませんが、できれば声《こえ》を出《だ》して読《よ》んでみて、自分《じぶん》の心《こころ》に響《ひび》く言葉《ことば》を見《み》つけてみてください。その言葉《ことば》は、きっとこれからの人生《じんせい》の糧《かて》となってくれるはずです。

また、この本《ほん》の最後《さいご》には、覚《おぼ》えておいてほしい「ことわざ・慣用句《かんようく》」と「論語《ろんご》」も載《の》せてあります。簡単《かんたん》な解説《かいせつ》もついていますので、こちらも楽《たの》しんでください。

この本《ほん》の使《つか》い方《かた》

座右《ざゆう》の銘《めい》

偉人《いじん》の名前《なまえ》

生《う》まれてから亡《な》くなるまで

15

フローレンス・ナイチンゲール

1820年《ねん》5月《がつ》12日《にち》～1910年《ねん》8月《がつ》13日《にち》／イギリスの看護師《かんごし》、看護教育学者《かんごきょういくがくしゃ》、社会起業家《しゃかいきぎょうか》

近代看護教育《きんだいかんごきょういく》の母《はは》。クリミア戦争《せんそう》での負傷兵《ふしょうへい》たちへの献身《けんしん》や統計《とうけい》に基《もと》づく医療衛生改革《いりょうえいせいかいかく》で著名《ちょめい》。国際看護師《こくさいかんごし》の日《ひ》（5月《がつ》12日《にち》）はナイチンゲールの誕生日《たんじょうび》。ロンドンの聖《せい》トーマス病院《びょういん》に付属《ふぞく》して世界初《せかいはつ》の宗教系《しゅうきょうけい》でない看護学校《かんごがっこう》であるナイチンゲール看護学校《かんごがっこう》を設立《せつりつ》。

どんな人《ひと》？

あなたがいくら優《やさ》しい心《こころ》の持《も》ち主《ぬし》でも、行動《こうどう》が伴《ともな》っていなければ自分《じぶん》の思《おも》いを十分《じゅうぶん》に相手《あいて》に伝《つた》えることはできません。

▶〝クリミアの天使《てんし》〟と呼《よ》ばれたナイチンゲール。「犠牲《ぎせい》なき献身《けんしん》こそ真《しん》の奉仕《ほうし》」という信念《しんねん》のもと看護《かんご》の仕事《しごと》をした。

座右《ざゆう》の銘《めい》を残《のこ》した偉人《いじん》の紹介《しょうかい》

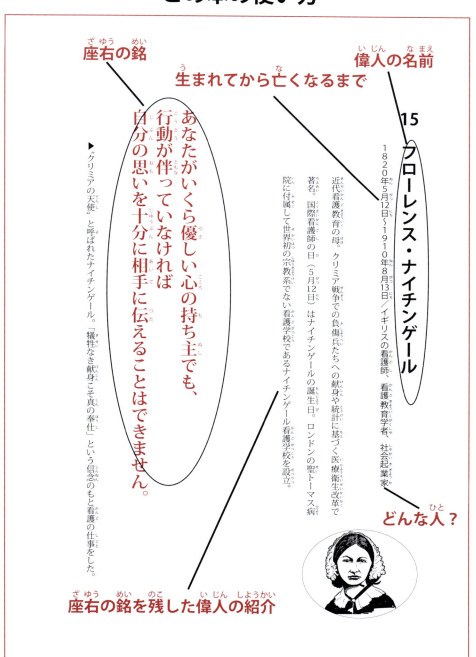

もくじ

はじめに 2
この本《ほん》の使《つか》い方《かた》 3

感動《かんどう》や勇気《ゆうき》をくれた人《ひと》の座右《ざゆう》の銘《めい》 13

1 アイルトン・セナ——人生最大《じんせいさいだい》のミスは何《なに》かって？ それはこれから先《さき》に起《お》こると思《おも》う。
2 アンネ・フランク——希望《きぼう》があるところに人生《じんせい》もある。希望《きぼう》が新《あたら》しい勇気《ゆうき》をもたらし……。
3 イエス（イエス・キリスト）——だから、明日《あした》のことまで思《おも》い悩《なや》むな。明日《あした》のことは……。
4 ウィンストン・チャーチル——未来《みらい》のことはわからない。しかし、我々《われわれ》には……。
5 植村直己《うえむらなおみ》——あきらめないこと、どんな事態《じたい》に直面《ちょくめん》してもあきらめないこと。
6 ヴォルフガング・アマデウス・モーツァルト——望《のぞ》みを持《も》ちましょう。でも……。
7 オードリー・ヘップバーン——一個《いっこ》の道具《どうぐ》のように自分《じぶん》を分析《ぶんせき》しなさい。自分自身《じぶんじしん》に……。
8 サン＝テグジュペリ——未来《みらい》とは、あなたが予知《よち》しようとするものではなく、自分《じぶん》で……。
9 ジョン・レノン——自分《じぶん》の夢《ゆめ》は自分《じぶん》で作《つく》らなきゃ。どんなに人生《じんせい》が苦《くる》しくても……。
10 チャールズ・チャップリン——死《し》と同《おな》じように避《さ》けられないものがある。それは……。

11 手塚治虫《てづかおさむ》——好奇心《こうきしん》というのは道草《みちくさ》でもあるわけです。確《たし》かに時間《じかん》の無駄《むだ》……。
12 ナポレオン・ボナパルト（ナポレオン1世《せい》）——わが輩《はい》の辞書《じしょ》に不可能《ふかのう》という文字《もじ》はない。
13 パブロ・ピカソ——青《あお》がないときは、赤《あか》を使《つか》えばいい。
14 フィンセント・ファン・ゴッホ——直観力《ちょっかんりょく》と想像力《そうぞうりょく》を、抑《おさ》え込《こ》んではならない。
15 フローレンス・ナイチンゲール——あなたがいくら優《やさ》しい心《こころ》の持《も》ち主《ぬし》でも……。
16 ヘレン・ケラー——くよくよしない心《こころ》は、人《ひと》を成功《せいこう》に導《みちび》きます。どんな時《とき》も……。
17 マーティン・ルーサー・キング・ジュニア——最初《さいしょ》の一歩《いっぽ》を踏《ふ》み出《だ》しなさい。階段全体《かいだんぜんたい》……。
18 ヨハン・ゼバスティアン・バッハ——音楽《おんがく》だけが世界語《せかいご》であり、翻訳《ほんやく》される必要《ひつよう》が……。
19 ルートヴィヒ・ヴァン・ベートーヴェン——悩《なや》みを突《つ》き抜《ぬ》けて歓喜《かんき》に至《いた》れ。

発明《はつめい》や発見《はつけん》をした人《ひと》の座右《ざゆう》の銘《めい》 43

20 アイザック・ニュートン——今日《きょう》できることに全力《ぜんりょく》を尽《つ》くせ。そうすれば明日《あす》……。
21 アルベルト・アインシュタイン——君《きみ》には二《ふた》つの生《い》き方《かた》がある。奇跡《きせき》など……。
22 アレクサンダー・グラハム・ベル——一《ひと》つの扉《とびら》が閉《し》まれば、別《べつ》の扉《とびら》が開《ひら》く……。
23 伊能忠敬《いのうただたか》——天文暦学《てんもんれきがく》や国々《くにぐに》を測量《そくりょう》をすることで後世《こうせい》に名誉《めいよ》を残《のこ》すつもりは……。
24 カール・ユング——相手《あいて》に対《たい》して感《かん》じるいらだちや不快感《ふかいかん》は、自分《じぶん》の心《こころ》……。
25 ガリレオ・ガリレイ——それでも地球《ちきゅう》はまわっている。

26 北里柴三郎《きたさとしばさぶろう》——研究《けんきゅう》だけをやっていてはだめです。研究《けんきゅう》の結果《けっか》を……。

27 クリストファー・コロンブス——創造《そうぞう》は難《むずか》しく、模倣《もほう》は易《やさ》しい。

28 チャールズ・ダーウィン——最《もっと》も強《つよ》いものが、あるいは最《もっと》も知的《ちてき》なものが……。

29 トーマス・エジソン——だれもが納得《なっとく》するような常識的《じょうしきてき》な考《かんが》え方《かた》をしていたのでは……。

30 豊田佐吉《とよださきち》——自分《じぶん》の周《まわ》りばかり見《み》ていると、小《ちい》さくまとまってしまう。

31 野口英世《のぐちひでよ》——人《ひと》の一生《いっしょう》の幸《しあわ》せも、災《わざわ》いも自分《じぶん》から作《つく》るもの、周《まわ》りの人間《にんげん》も……。

32 ブレーズ・パスカル——人間《にんげん》はひとくきの葦《あし》にすぎない。自然《しぜん》の中《なか》で最《もっと》も弱《よわ》い……。

33 マリ・キュリー——自分《じぶん》の仕事《しごと》の利益《りえき》と人々《ひとびと》の幸福《こうふく》を両立《りょうりつ》できる人間《にんげん》が社会《しゃかい》には……。

34 湯川秀樹《ゆかわひでき》——一日生《いちにちい》きることは、一歩《いっぽ》進《すす》むことでありたい。

35 レオナルド・ダ・ヴィンチ——精神《せいしん》は、鍛錬《たんれん》なしには堕落《だらく》する。

多《おお》くの人《ひと》の役《やく》に立《た》った人《ひと》の座右《ざゆう》の銘《めい》 63

36 アルベルト・シュヴァイツァー——変《か》わることのない優《やさ》しさは、多《おお》くを成《な》し遂《と》げる。

37 空海《くうかい》（弘法大師《こうぼうだいし》）——ものの道理《どうり》を見《み》る目《め》が開《ひら》いていれば、身《み》の回《まわ》りのもの……。

38 最澄《さいちょう》（伝教大師《でんぎょうだいし》）——国宝《こくほう》とは何物《なにもの》ぞ、宝《たから》とは道心《どうしん》なり、道心《どうしん》あるの人《ひと》……。

39 釈迦《しゃか》（ガウタマ・シッダールタ）——人間《にんげん》はすべて平等《びょうどう》であり、すべての人《ひと》は……。

40 親鸞《しんらん》——賢者《けんじゃ》の信《しん》は、内《うち》は賢《けん》にして外《そと》は愚《ぐ》なり、愚禿《ぐとく》が心《こころ》は、内《うち》は愚《ぐ》にして外《そと》は賢《けん》なり。

41 道元《どうげん》――何事《なにごと》も一心不乱《いっしんふらん》にやれば宇宙《うちゅう》の真理《しんり》を体《からだ》で感《かん》じ取《と》ることができる。

42 新渡戸稲造《にとべいなぞう》――活力《かつりょく》をもたらすものは精神《せいしん》である。

43 二宮尊徳《にのみやそんとく》――世《よ》の中《なか》は、知恵《ちえ》があっても学《がく》があっても、至誠《しせい》と実行《じっこう》がなければ、事《こと》は成《な》らない。

44 ネルソン・マンデラ――勇者《ゆうしゃ》とは怖《おそ》れを知《し》らない人間《にんげん》ではなく、怖《おそ》れを克服《こくふく》する……。

45 マザー・テレサ――優《やさ》しい言葉《ことば》はたとえ簡単《かんたん》な言葉《ことば》でもずっとずっと心《こころ》にこだまする。

46 マハトマ・ガンジー――その人《ひと》によくしてもらいたいなら、あなたから変《か》わる……。

夢《ゆめ》をかなえた人《ひと》の座右《ざゆう》の銘《めい》 79

47 アンドリュー・カーネギー――どんなことでも先延《さきの》ばしにする人《ひと》は、人生《じんせい》を失敗《しっぱい》する。

48 ウォルト・ディズニー――考《かんが》えなさい。調査《ちょうさ》し、探究《たんきゅう》し、問《と》いかけ、熟考《じゅっこう》するのです。

49 スティーブ・ジョブズ――Stay hungry《ステイハングリー》. Stay foolish《ステイフーリッシュ》. ハングリーであれ、愚《おろ》か者《もの》であれ。

50 デール・カーネギー――笑顔《えがお》は1ドルの元手《もとで》もいらないが、100万《まん》ドルの……。

51 ニール・アームストロング――これは一人《ひとり》の人間《にんげん》にとっては小《ちい》さな一歩《いっぽ》だが、人類《じんるい》……。

52 ビル・ゲイツ――少《すく》なくとも一度《いちど》は人《ひと》に笑《わら》われるようなアイデアでなければ独創的《どくそうてき》……。

53 ヘンリー・フォード――失敗《しっぱい》とは、よりよい方法《ほうほう》で再挑戦《さいちょうせん》するいい機会《きかい》である。

54 本田宗一郎《ほんだそういちろう》――新《あたら》しいアイデアを思《おも》いつきたいなら、まずだれかの話《はなし》を聞《き》け。

55 松下幸之助《まつしたこうのすけ》――成功《せいこう》するためには、成功《せいこう》するまで続《つづ》けることである。途中《とちゅう》であきらめて……。

賢者《けんじゃ》に学《まな》ぶ座右《ざゆう》の銘《めい》　89

56　アリストテレス——我々《われわれ》は、繰《く》り返《かえ》し行《おこな》った行動《こうどう》によって作《つく》られる。行動《こうどう》ではなく……。
57　アルトゥル・ショーペンハウアー——何《なに》をするにしても、行動《こうどう》を起《お》こす前《まえ》に自分《じぶん》の考《かんが》え……。
58　カエサル（ガイウス・ユリウス・カエサル）——賽《さい》は投《な》げられた。
59　ジャン＝ジャック・ルソー——生《い》きるとは呼吸《こきゅう》することではない。行動《こうどう》することである。
60　ソクラテス——世界《せかい》を動《うご》かそうと思《おも》ったら、まず自分自身《じぶんじしん》を動《うご》かせ。
61　ピタゴラス——意味《いみ》のない言葉《ことば》より、沈黙《ちんもく》のほうがよい。
62　プラトン——賢者《けんじゃ》は、話《はな》すべきことがあるから口《くち》を開《ひら》く。愚者《ぐしゃ》は……。
63　フランシス・ベーコン——知識《ちしき》は力《ちから》なり。
64　フリードリヒ・ニーチェ——意味《いみ》が見《み》つからないから良《よ》き人生《じんせい》を送《おく》れないのではなく……。
65　ヨハン・ヴォルフガング・フォン・ゲーテ——自分一人《じぶんひとり》で石《いし》を持《も》ち上《あ》げる気《き》が……。
66　ルネ・デカルト——難問《なんもん》は分割《ぶんかつ》せよ。
67　老子《ろうし》——人《ひと》を知《し》る者《もの》は智《ち》、自《みずか》ら知《し》る者《もの》は明《めい》なり。人《ひと》に勝《か》つ者《もの》は力《ちから》あり……。

アメリカの偉人《いじん》の座右《ざゆう》の銘《めい》　105

68　エイブラハム・リンカン——自己《じこ》の向上《こうじょう》を心《こころ》がけている者《もの》は、喧嘩《けんか》などするひまがないはずだ。

69 エレノア・ルーズベルト――自分自身《じぶんじしん》を扱《あつか》う際《さい》には、頭《あたま》を使《つか》いなさい。ただし……。
70 ジョージ・ワシントン――友情《ゆうじょう》は成長《せいちょう》のおそい植物《しょくぶつ》である。それが友情《ゆうじょう》という……。
71 ジョン・F・ケネディ――我々《われわれ》すべてが等《ひと》しい才能《さいのう》を持《も》っているわけではない。しかし……。
72 フランクリン・ルーズベルト――あることを真剣《しんけん》に3時間考《じかんかんが》えて自分《じぶん》の結論《けつろん》が……。
73 ベーブ・ルース――簡単《かんたん》ではないこともあるが、君《きみ》にはできる。
74 ベンジャミン・フランクリン――小《ちい》さなことの軽視《けいし》が後《のち》の大《おお》きな過失《かしつ》につながる。
75 ライト兄弟――今正《いまただ》しいことも、数年後間違《すうねんごまちが》ってることもある。逆《ぎゃく》に……。

日本《にほん》の文豪《ぶんごう》の座右《ざゆう》の銘《めい》 117

76 芥川龍之介《あくたがわりゅうのすけ》――運命《うんめい》は、その人《ひと》の性格《せいかく》の中《なか》にある。
77 金子《かねこ》みすゞ――みんなちがって、みんないい。
78 川端康成《かわばたやすなり》――一生《いっしょう》の間《あいだ》に一人《ひとり》の人間《にんげん》でも幸福《こうふく》にすることができれば……。
79 太宰治《だざいおさむ》――疑《うたが》いながら、試《ため》しに右《みぎ》へ曲《ま》がるのも、信《しん》じて断乎《だんこ》として……。
80 谷崎潤一郎《たにざきじゅんいちろう》――恋《こい》というのは、一《ひと》つの芝居《しばい》なんだから、筋《すじ》を考《かんが》えなきゃだめだよ。
81 夏目漱石《なつめそうせき》――愛嬌《あいきょう》というのはね、自分《じぶん》より強《つよ》いものをたおすやわらかい武器《ぶき》だよ。
82 樋口一葉《ひぐちいちよう》――色《いろ》に迷《まよ》う人《ひと》は迷《まよ》えばいい。情《じょう》に狂《くる》う人《ひと》は狂《くる》えばいい。この世《よ》で……。
83 宮沢賢治《みやざわけんじ》――世界全体《せかいぜんたい》が幸福《こうふく》にならないかぎりは、個人《こじん》の幸福《こうふく》はあり得《え》ない。

84 武者小路実篤《むしゃこうじさねあつ》——この世《よ》にはいろいろな不幸《ふこう》がある。しかしその不幸《ふこう》……。
85 森鷗外《もりおうがい》——友《とも》の変《へん》じて敵《てき》となるものあり。

世界《せかい》の文豪《ぶんごう》の座右《ざゆう》の銘《めい》 129

86 アーネスト・ヘミングウェイ——人間《にんげん》の人間《にんげん》たる価値《かち》は、敗北《はいぼく》に直面《ちょくめん》していかにふるまう……。
87 アガサ・クリスティー——私《わたし》には三《みっ》つの宝物《たからもの》があります。これを守《まも》り、大事《だいじ》にしよう。
88 ウィリアム・シェークスピア——生《い》きるべきか死《し》すべきか。それが問題《もんだい》だ。
89 サミュエル・スマイルズ——本当《ほんとう》の勇気《ゆうき》と優《やさ》しさとは、ともに手《て》をたずさえている。
90 ジョージ・ゴードン・バイロン——人《ひと》に与《あた》えた恩《おん》は忘《わす》れてしまえ。しかし、人《ひと》から……。
91 ジョージ・バーナード・ショー——あまり必要《ひつよう》でもないことを多《おお》く学《まな》ぶよりも、必要《ひつよう》な……。
92 ジョナサン・スウィフト——約束《やくそく》とパイの外皮《がいひ》はたやすく破《やぶ》れるものである。
93 ハインリッヒ・シュリーマン——夢《ゆめ》を持《も》つと、苦難《くなん》を乗《の》り越《こ》える力《ちから》が湧《わ》いてくる。
94 魯迅《ろじん》——もともと地上《ちじょう》に道《みち》はない。歩《ある》く人《ひと》が多《おお》くなればそれが道《みち》となるのだ。
95 ロマン・ロラン——英雄《えいゆう》とは、自分《じぶん》のできることをした人《ひと》だ。一方凡人《いっぽうぼんじん》は……。

覚《おぼ》えておきたい武将《ぶしょう》の座右《ざゆう》の銘《めい》 141

勝海舟《かつかいしゅう》（勝安芳《かつやすよし》）——事《こと》を成《な》し遂《と》げる者《もの》は愚直《ぐちょく》でなければならぬ。才走《さいはし》ってはうまくいかない。 110
木戸孝允《きどたかよし》（桂小五郎《かつらこごろう》）——己《おのれ》の生《い》き方《かた》に関《かか》わるような大問題《だいもんだい》を他人《たにん》に聞《き》くな。 111
近藤勇《こんどういさみ》——生《い》きようという念《ねん》が一分《いちぶ》であっては、どうにもなりませんな。不思議《ふしぎ》な……。 112
西郷隆盛《さいごうたかもり》——功《こう》のあった人《ひと》には禄《ろく》を与《あた》えて、能力《のうりょく》のある人《ひと》には位《くらい》を与《あた》えよ。 113
坂本龍馬《さかもとりょうま》——人《ひと》の世《よ》に道《みち》は一《ひと》つということはない。道《みち》は百《ひゃく》も千《せん》も万《まん》もある。 114
渋沢栄一《しぶさわえいいち》——夢七訓《ゆめななくん》 夢《ゆめ》なき者《もの》は理想《りそう》なし。理想《りそう》なき者《もの》は信念《しんねん》なし……。 115
ジョン万次郎《まんじろう》——私《わたし》は日本《にほん》とアメリカの良《よ》さを両方《りょうほう》知《し》っている。異国《いこく》の文化《ぶんか》の良《よ》い……。 116
高杉晋作《たかすぎしんさく》——人間《にんげん》というのは、困難《こんなん》はともにできる。しかし富貴《ふうき》はともにできない。 117
福沢諭吉《ふくざわゆきち》——自由《じゆう》と我《わ》が儘《まま》との境《さかい》は、他人《たにん》の妨《さまた》げをなすとなさざるとの間《あいだ》にあり。 118
吉田松陰《よしだしょういん》——あなたは学者《がくしゃ》ではないのだから、学《まな》ぶだけではだめです。学《まな》んだこと……。 119

覚《おぼ》えておきたい座右《ざゆう》の銘《めい》になる ことわざ・慣用句《かんようく》 171

知《し》っておきたい座右《ざゆう》の銘《めい》になる 論語《ろんご》 197

人物《じんぶつ》リスト （国別《くにべつ》・五十音順《ごじゅうおんじゅん》） 214

感動《かんどう》や勇気《ゆうき》をくれた人《ひと》の座右《ざゆう》の銘《めい》

1 アイルトン・セナ

1960年《ねん》3月《がつ》21日《にち》〜1994年《ねん》5月《がつ》1日《たち》／ブラジルのレーシング・ドライバー

1980年代《ねんだい》から1990年代前半《ねんだいぜんはん》のF1《エフワン》を象徴《しょうちょう》する存在《そんざい》。日本《にほん》では「音速《おんそく》の貴公子《きこうし》」の愛称《あいしょう》で知《し》られている。母国《ぼこく》ブラジルにおいては、サッカー選手《せんしゅ》のペレ、ジーコと並《なら》んで、特《とく》に偉大《いだい》なスポーツ選手《せんしゅ》の一人《ひとり》とされている。

人生最大《じんせいさいだい》のミスは何《なに》かって？　それはこれから先《さき》に起《お》こると思《おも》う。
いくら自分《じぶん》に完璧《かんぺき》を求《もと》めても、完璧《かんぺき》な人間《にんげん》なんてどこにもいない。
結局《けっきょく》、自分《じぶん》や他人《たにん》の失敗《しっぱい》から、学《まな》んでいくしかないんだ。

▶3回《かい》F1《エフワン》ワールドチャンピオンになったセナでも、チャンピオンになるまでは何度《なんど》も挫折《ざせつ》を経験《けいけん》している。でも、あきらめずに前《まえ》を向《む》いて生《い》きることで成功《せいこう》することができる。

2 アンネ・フランク

1929年《ねん》6月《がつ》12日《にち》〜1945年《ねん》3月上旬《がつじょうじゅん》／ユダヤ系《けい》ドイツ人《じん》の少女《しょうじょ》

ナチス・ドイツの迫害《はくがい》から逃《のが》れるため、一家《いっか》で故国《ここく》ドイツを離《はな》れてオランダのアムステルダムへ亡命《ぼうめい》。アムステルダムの隠《かく》れ屋《や》での2年《ねん》に及《およ》ぶ生活《せいかつ》が綴《つづ》られた日記《にっき》が『アンネの日記《にっき》』。

希望《きぼう》があるところに人生《じんせい》もある。
希望《きぼう》が新《あたら》しい勇気《ゆうき》をもたらし、再《ふたた》び強《つよ》い気持《きも》ちにしてくれる。
本当《ほんとう》に他人《たにん》の人柄《ひとがら》がわかるのは、
その人《ひと》と大喧嘩《おおげんか》した時《とき》だということです。
その時《とき》こそ、その人《ひと》の真《しん》の人格《じんかく》が判断《はんだん》できるのです。

『アンネの日記《にっき》』（文藝春秋《ぶんげいしゅんじゅう》）

▶希望《きぼう》があるから、勇気《ゆうき》が出《で》る。短《みじか》い人生《じんせい》を力強《ちからづよ》く生《い》きた少女《しょうじょ》からのメッセージ。

3

イエス（イエス・キリスト）

紀元前《きげんぜん》6年《ねん》から紀元前《きげんぜん》4年頃《ねんごろ》〜30年頃《ねんごろ》　共和制《きょうわせい》ローマのユダヤ地区《ちく》（現在《げんざい》のイスラエル）にいたとされる人物《じんぶつ》

イエスの言行《げんこう》を記《しる》した福音書《ふくいんしょ》を含《ふく》む『聖書《せいしょ》』は世界《せかい》で最《もっと》も翻訳言語数《ほんやくげんごすう》が多《おお》い歴史的《れきしてき》ベストセラー。音楽《おんがく》・絵画《かいが》・思想《しそう》・哲学《てつがく》・世界史《せかいし》などに測《はか》り知《し》れない影響《えいきょう》を与《あた》えた。

だから、明日《あした》のことまで思《おも》い悩《なや》むな。明日《あした》のことは明日《あした》自《みずか》らが思《おも》い悩《なや》む。その日《ひ》の苦労《くろう》は、その日《ひ》だけで十分《じゅうぶん》である。

新共同訳《しんきょうどうやく》　マタイによる福音書《ふくいんしょ》　6章《しょう》34節《せつ》

人《ひと》を裁《さば》くな。あなたがたも裁《さば》かれないようにするためである。

新共同訳《しんきょうどうやく》　マタイによる福音書《ふくいんしょ》　7章《しょう》1節《せつ》

人《ひと》は七度《ななど》倒《たお》れても起《お》き上《あ》がる。

新共同訳《しんきょうどうやく》　箴言《しんげん》　24章《しょう》16節《せつ》

高慢《こうまん》には軽蔑《けいべつ》が伴《ともな》い　謙遜《けんそん》には知恵《ちえ》が伴《ともな》う。

新共同訳《しんきょうどうやく》　箴言《しんげん》　11章《しょう》2節《せつ》

▶聖書《せいしょ》は、キリスト教《きょう》の聖典《せいてん》であり、旧約聖書《きゅうやくせいしょ》と新約聖書《しんやくせいしょ》からなる。イエス・キリスト以前《いぜん》の預言者《よげんしゃ》と神《かみ》の契約《けいやく》を旧約《きゅうやく》といい、イエス・キリスト以降《いこう》のイエスの言葉《ことば》や奇蹟《きせき》を弟子《でし》たちがイエスの死後《しご》書いたものを新約《しんやく》としている。信者数《しんじゃすう》が20億人《おくにん》を超《こ》える世界最大《せかいさいだい》の宗教《しゅうきょう》で、正教会《せいきょうかい》、東方諸教会《とうほうしょきょうかい》、カトリック教会《きょうかい》、聖公会《せいこうかい》、プロテスタントなどさまざまな教派《きょうは》にわかれている。

4 ウィンストン・チャーチル

１８７４年《ねん》11月《がつ》30日《にち》〜１９６５年《ねん》1月《がつ》24日《か》／イギリスの政治家《せいじか》、軍人《ぐんじん》、作家《さっか》

１９４０年《ねん》に首相職《しゅしょうしょく》に就《つ》き、１９４５年《ねん》まで第二次世界大戦《だいにじせかいたいせん》（ヨーロッパ戦線《せんせん》）を主導《しゅどう》。
１９５３年《ねん》ノーベル文学賞《ぶんがくしょう》を受賞《じゅしょう》。

未来《みらい》のことはわからない。
しかし、我々《われわれ》には過去《かこ》が希望《きぼう》を与《あた》えてくれるはずである。

『イギリス国民《こくみん》の歴史《れきし》』（篠崎書林《しのざきしょりん》）

成功《せいこう》とは、
失敗《しっぱい》を重《かさ》ねても、やる気《き》を失《うしな》わないでいられる才能《さいのう》である。

危険《きけん》が身《み》に迫《せま》った時《とき》、逃《に》げ出《だ》すようではいけない。
かえって危険《きけん》が二倍《にばい》になる。
決然《けつぜん》として立《た》ち向《む》かえば、危険《きけん》は半分《はんぶん》に減《へ》る。
何事《なにごと》に出会《であ》っても、決《けっ》して逃《に》げるな。

完全主義《かんぜんしゅぎ》では、何《なに》もできない。

▶第二次世界大戦後《だいにじせかいたいせんご》の1946年《ねん》、チャーチルは「バルト海《かい》のシュテッテンからアドリア海《かい》のトリエステまで、鉄《てつ》のカーテンが下《お》ろされた」という「鉄《てつ》のカーテン」演説《えんぜつ》を行《おこな》った。この演説《えんぜつ》は「東西冷戦《とうざいれいせん》」の幕開《まくあ》けを示唆《しさ》する出来事《できごと》とされている。

5

植村直己《うえむらなおみ》

1941（昭和《しょうわ》16）年《ねん》2月《がつ》12日《にち》〜1984（昭和《しょうわ》59）年《ねん》2月《がつ》13日頃《にちごろ》／登山家《とざんか》、冒険家《ぼうけんか》

世界初《せかいはつ》5大陸最高峰登頂《たいりくさいこうほうとうちょう》、単独北極圏到達《たんどくほっきょくけんとうたつ》、世界初《せかいはつ》マッキンリー（現《げん》デナリ）冬期単独登《とうきたんどくとう》頂《ちょう》など、数々《かずかず》の偉業《いぎょう》を達成《たっせい》。1984年《ねん》2月《がつ》12日《にち》、43歳《さい》の誕生日《たんじょうび》に世界初《せかいはつ》のマッキンリー（現《げん》デナリ）冬期単独登頂《とうきたんどくとうちょう》を果《は》たしたが、翌《よく》2月《がつ》13日《にち》の交信《こうしん》を最後《さいご》に消息《しょうそく》を絶《た》つ。1984年《ねん》に国民栄誉賞《こくみんえいよしょう》を受賞《じゅしょう》。

あきらめないこと、
どんな事態《じたい》に直面《ちょくめん》してもあきらめないこと。
結局《けっきょく》、私《わたし》のしたことは、それだけのことだったのかもしれない。

『北極点《ほっきょくてん》グリーンランド単独行《たんどくこう》』（文藝春秋《ぶんげいしゅんじゅう》）

必《かなら》ず壁《かべ》はある。
しかしそれを乗《の》り越《こ》えたときに新《あたら》しい世界《せかい》が目《め》の前《まえ》に広《ひろ》がって、
さわやかな気持《きも》ちになるのだ。

厳《きび》しく自分《じぶん》にムチ打《う》ってやってきた時《とき》は、
ふり返《かえ》って見《み》た時《とき》じつにさわやかです。

『植村直己《うえむらなおみ》、挑戦《ちょうせん》を語《かた》る』（文藝春秋《ぶんげいしゅんじゅう》）

時間《じかん》があるということは、
以前《いぜん》からやりたかったことをやるチャンスだ。
よし、アルプスに登《のぼ》ろう。

▶明治大学山岳部時代《めいじだいがくさんがくぶじだい》には、しょっちゅう転《ころ》ぶことから「ドングリ」というあだ名《な》がついていた。

6 ヴォルフガング・アマデウス・モーツァルト

1756年《ねん》1月《がつ》27日《にち》〜1791年《ねん》12月《がつ》5日《か》／オーストリアの音楽家《おんがくか》

古典派音楽《こてんはおんがく》の代表《だいひょう》。ハイドン、ベートーヴェンと並《なら》んでウィーン古典派三大巨匠《こてんはさんだいきょしょう》の一人《ひとり》。

望《のぞ》みを持《も》ちましょう。
でも多《おお》すぎてはいけません。

多《おお》くのことをなす近道《ちかみち》は、
一度《いちど》に一《ひと》つのことだけすることだ。

『モーツァルトの手紙《てがみ》』（岩波書店《いわなみしょてん》）

▶3歳《さい》のときからチェンバロを弾《ひ》き始《はじ》め、5歳《さい》のときには最初《さいしょ》の作曲《さっきょく》を行《おこな》う。

7 オードリー・ヘップバーン

1929年《ねん》5月《がつ》4日《か》～1993年《ねん》1月《がつ》20日《か》／イギリス人《じん》でアメリカで活躍《かつやく》した女優《じょゆう》

ハリウッド黄金時代《おうごんじだい》に活躍《かつやく》した女優《じょゆう》で、映画界《えいがかい》ならびにファッション界《かい》のアイコンとして知《し》られる。晩年《ばんねん》は、国際連合児童基金《こくさいれんごうじどうききん》（ユニセフ）での仕事《しごと》に人生《じんせい》を捧《ささ》げた。

一個《いっこ》の道具《どうぐ》のように自分《じぶん》を分析《ぶんせき》しなさい。
自分自身《じぶんじしん》に対《たい》して百《ひゃく》パーセント率直《そっちょく》でなければなりません。
欠点《けってん》を隠《かく》そうとせずに、正面《しょうめん》から向《む》かい合《あ》うのです。

『オードリー・ヘップバーン物語《ものがたり》』（集英社《しゅうえいしゃ》）

魅力的《みりょくてき》な唇《くちびる》のためには、優《やさ》しい言葉《ことば》をつむぐこと。
愛《あい》らしい瞳《ひとみ》のためには、人々《ひとびと》の素晴《すば》らしさを見《み》つけること。

8

サン＝テグジュペリ

1900年《ねん》6月《がつ》29日《にち》～1944年《ねん》7月《がつ》31日《にち》／フランスの作家《さっか》、操縦士《そうじゅうし》

郵便輸送《ゆうびんゆそう》のためのパイロットとして、欧州《おうしゅう》・南米間《なんべいかん》の飛行航路開拓《ひこうこうろかいたく》などにも携《たずさ》わった。

1944年《ねん》7月《がつ》31日《にち》、フランス内陸部《ないりくぶ》グルノーブル、シャンベリー、アヌシーを写真偵察《しゃしんていさつ》のため、ロッキードF《エフ》-5B偵察機《ビーていさつき》を駆《か》ってボルゴ飛行場《ひこうじょう》から単機《たんき》で出撃後《しゅつげきご》、地中海上空《ちちゅうかいじょうくう》で行方不明《ゆくえふめい》となる。代表作《だいひょうさく》：『夜間飛行《やかんひこう》』『人間《にんげん》の土地《とち》』『星《ほし》の王子《おうじ》さま』など。

人生《じんせい》には解決法《かいけつほう》なんかないんだ。
あるのは、前《まえ》に進《すす》む力《ちから》だけだ。
解決法《かいけつほう》は、後《あと》からついてくるものさ。

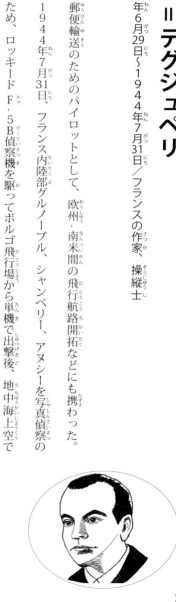

未来《みらい》とは、あなたが予知《よち》しようとするものではなく、
自分《じぶん》で可能《かのう》にするものだ。

方法《ほうほう》こそ異《こと》なっていても、目的《もくてき》は異《こと》ならない。
目的《もくてき》はつねに同一《どういつ》である。

『サン＝テグジュペリの言葉《ことば》』（彌生書房《やよいしょぼう》）

心《こころ》で見《み》なくちゃものごとは見《み》えないさ。
肝心《かんじん》なことは、目《め》に見《み》えないんだよ。

『星《ほし》の王子《おうじ》さま』（岩波書店《いわなみしょてん》）

▶日本《にほん》でも人気《にんき》の『星《ほし》の王子《おうじ》さま』。星《ほし》からやって来《き》た小《ちい》さな王子《おうじ》さまに、もの知《し》りのキツネが言《い》う言葉《ことば》には、「人間《にんげん》らしい生《い》き方《かた》とは」「愛《あい》とは」「幸《しあわ》せとは」ということを考《かんが》えるためのヒントが散《ち》りばめられている。

9 ジョン・レノン

1940年《ねん》10月《がつ》9日《か》〜1980年《ねん》12月《がつ》8日《か》／ザ・ビートルズのメンバー（リーダー）

1962年《ねん》10月《がつ》5日《か》、ザ・ビートルズがレコードデビュー。1970年《ねん》4月《がつ》10日《か》、ポール・マッカートニーがザ・ビートルズからの脱退《だったい》を発表《はっぴょう》。同年《どうねん》12月《がつ》30日《にち》、ポールがロンドン高《こう》等裁判所《とうさいばんしょ》にザ・ビートルズの解散《かいさん》を求《もと》める訴《うった》えを起《お》こす。1971年《ねん》3月《がつ》12日《にち》、ザ・ビートルズの解散《かいさん》が法的《ほうてき》に決定《けってい》。ザ・ビートルズの解散前後《かいさんぜんご》より妻《つま》で前衛芸術家《ぜんえいげいじゅつか》のオノ・ヨーコとソロ活動《かつどう》を開始《かいし》。1975年《ねん》10月《がつ》9日《か》、息子《むすこ》ショーン・タロー・オノ・レノン誕生《たんじょう》。1980年《ねん》、音楽活動再開《おんがくかつどうさいかい》。同年《どうねん》12月《がつ》8日《か》、ニューヨークの自宅《じたく》ダコタ・ハウス前《まえ》でマーク・デヴィッド・チャップマンに射殺《しゃさつ》される。

ひとりで見《み》る夢《ゆめ》はただの夢《ゆめ》、みんなで見《み》る夢《ゆめ》は現実《げんじつ》になる。

幸《しあ》せになることに躊躇《ちゅうちょ》してはいけない。

自分《じぶん》の夢《ゆめ》は自分《じぶん》で作《つく》らなきゃ。

どんなに人生《じんせい》が苦《くる》しくても、希望《きぼう》があるんだ。

根本的《こんぽんてき》な才能《さいのう》とは、自分《じぶん》に何《なに》かができると信《しん》じることだ。

▶ジョン・レノンのメッセージは、シンプルで力強《ちからづよ》いものが多《おお》いが、自分《じぶん》の才能《さいのう》を信《しん》じることと、愛《あい》の心《こころ》がその根底《こんてい》にある。

10 チャールズ・チャップリン

1889年《ねん》4月《がつ》16日《にち》〜1977年《ねん》12月《がつ》25日《にち》／イギリス出身《しゅっしん》の映画《えいが》俳優《はいゆう》、映画《えいが》監督《かんとく》、コメディアン

映画《えいが》の黎明期《れいめいき》において、数々《かずかず》の傑作《けっさく》コメディ映画《えいが》を作《つく》りあげ、「喜劇王《きげきおう》」の異名《いみょう》を持《も》つ。同《どう》年代《ねんだい》に活躍《かつやく》したコメディアン、バスター・キートンやハロルド・ロイドと並《なら》び、「世界《せかい》の三《さん》大喜劇王《だいきげきおう》」と呼《よ》ばれる。

人生《じんせい》は恐《おそ》れなければ、とても素晴《すば》らしいものなんだよ。
人生《じんせい》に必要《ひつよう》なもの。
それは勇気《ゆうき》と想像力《そうぞうりょく》、そして少《すこ》しのお金《かね》だ。

映画《えいが》「ライムライト」

死《し》と同《おな》じように避《さ》けられないものがある。
それは生《い》きることだ。

映画《えいが》「ライムライト」

無駄《むだ》な一日《いちにち》。
それは笑《わら》いのない日《ひ》である。

いいかい、もし、よいと思《おも》ったら、
どうやろうかなどと決《けっ》して心配《しんぱい》するな。
つまり直感《ちょっかん》だよ。

▶映画《えいが》を通《とお》して人々《ひとびと》に笑顔《えがお》と癒《いや》しを届《とど》けたチャップリンの言葉《ことば》には、優《やさ》しさのなかに何《なに》ごとにも決《けっ》して絶望《ぜつぼう》してはいけないという強《つよ》さがある。

11

手塚治虫《てづかおさむ》

1928（昭和《しょうわ》3）年《ねん》11月《がつ》3日《か》～1989（平成元《へいせいがん》）年《ねん》2月《がつ》9日《か》／漫画家《まんがか》、アニメーション監督《かんとく》

戦後日本《せんごにほん》におけるストーリー漫画《まんが》の第一人者《だいいちにんしゃ》として、また漫画《まんが》の草分《くさわ》けとして活躍《かつやく》。「マンガの神様《かみさま》」と呼《よ》ばれる。『新宝島《しんたからじま》』『ジャングル大帝《たいてい》』『鉄腕《てつわん》アトム』『リボンの騎士《きし》』『火《ひ》の鳥《とり》』『どろろ』『ブラック・ジャック』『三《み》つ目《め》がとおる』など多数《たすう》のヒット作品《さくひん》を生《う》み出《だ》す。藤子不二雄《ふじこふじお》（藤子《ふじこ》・F《エフ》・不二雄《ふじお》、藤子不二雄A《ふじこふじおエー》）、石ノ森章太郎《いしのもりしょうたろう》、赤塚不二夫《あかつかふじお》、横山光輝《よこやまみつてる》など多《おお》くの漫画家《まんがか》に影響《えいきょう》を与《あた》える。

人《ひと》を信《しん》じよ、しかしその百倍《ひゃくばい》も自《みずか》らを信《しん》じよ。

『手塚治虫《てづかおさむ》　未来《みらい》へのことば』（こう書房《しょぼう》）

若《わか》いころになんでもかんでも知識《ちしき》はためとくもんだ。

『手塚治虫《てづかおさむ》　未来《みらい》へのことば』（こう書房《しょぼう》）

好奇心《こうきしん》というのは道草《みちくさ》でもあるわけです。
確《たし》かに時間《じかん》の無駄《むだ》ですが、必《かなら》ず自分《じぶん》の糧《かて》になる。

君《きみ》たち、漫画《まんが》から漫画《まんが》の勉強《べんきょう》するのはやめなさい。
一流《いちりゅう》の映画《えいが》を観《み》ろ、
一流《いちりゅう》の音楽《おんがく》を聞《き》け、
一流《いちりゅう》の芝居《しばい》を見《み》ろ、
一流《いちりゅう》の本《ほん》を読《よ》め。
そして、それから自分《じぶん》の世界《せかい》を作《つく》れ。

12

ナポレオン・ボナパルト（ナポレオン1世《せい》）

1769年《ねん》8月《がつ》15日《にち》～1821年《ねん》5月《がつ》5日《か》／フランスの軍人《ぐんじん》・政治家《せいじか》

ナポレオン1世《せい》（在位《ざいい》 1804年《ねん》～1814年《ねん》、1815年《ねん》）として、フランス帝国《ていこく》の皇《こう》帝《てい》に即位《そくい》。フランス革命後《かくめいご》の混乱《こんらん》を収拾《しゅうしゅう》して、軍事独裁政権《ぐんじどくさいせいけん》を樹立《じゅりつ》。また、戦勝《せんしょう》と婚姻政策《こんいんせいさく》によって、イギリス、ロシアとオスマン帝国《ていこく》の領土《りょうど》を除《のぞ》いたヨーロッパ大陸《たいりく》の大半《たいはん》を勢力《せいりょく》下《か》に置《お》いた。

わが輩《はい》の辞書《じしょ》に不可能《ふかのう》という文字《もじ》はない。

勝利《しょうり》は最《もっと》も根気《こんき》のある者《もの》にもたらされる。

じっくり考《かんが》えろ。
しかし、行動《こうどう》する時《とき》が来《き》たなら、考《かんが》えるのをやめて、進《すす》め。
過《す》ぎたことで心《こころ》を煩《わずら》わせるな。

▶数多《かずおお》くの戦《たたか》いに勝利《しょうり》をおさめ一軍人《いちぐんじん》からフランス皇帝《こうてい》になったナポレオン。決断力《けつだんりょく》・行動力《こうどうりょく》に優《すぐ》れた人間《にんげん》と思《おも》われるが、その力《ちから》の源《みなもと》はナポレオンの数学《すうがく》好《ず》き、読書《どくしょ》好《ず》きによる知性《ちせい》や洞察力《どうさつりょく》にあった。

13

パブロ・ピカソ

1881年《ねん》10月《がつ》25日《にち》〜1973年《ねん》4月《がつ》8日《か》／スペイン生《う》まれ、フランスで活動《かつどう》をした画家《がか》

キュビスムの創始者《そうししゃ》。生涯《しょうがい》におよそ１万《まん》３５００点《てん》の油絵《あぶらえ》と素描《そびょう》、10万点《まんてん》の版画《はんが》、３万《まん》４０００点《てん》の挿絵《さしえ》、３００点《てん》の彫刻《ちょうこく》と陶器《とうき》を制作《せいさく》した。最《もっと》も多作《たさく》な美術家《びじゅつか》であると『ギネスブック』に記《しる》されている。

青《あお》がないときは、赤《あか》を使《つか》えばいい。

できると思《おも》えばできる、できないと思《おも》えばできない。

これは、ゆるぎない絶対的《ぜったいてき》な法則《ほうそく》である。

▶情熱的《じょうねつてき》に創作活動《そうさくかつどう》をしたピカソの言葉《ことば》には、深《ふか》い説得力《せっとくりょく》がある。

14

フィンセント・ファン・ゴッホ

1853年《ねん》3月《がつ》30日《にち》〜1890年《ねん》7月《がつ》29日《にち》／オランダの画家《がか》

ポスト印象派《いんしょうは》を代表《だいひょう》する画家《がか》。生前《せいぜん》に売《う》れたのは「赤《あか》い葡萄畑《ぶどうばたけ》」1枚《まい》だったといわれているが、自分《じぶん》を信《しん》じて描《えが》き続《つづ》けた。死後《しご》に評価《ひょうか》が高《たか》まる。フォーヴィスムやドイツ表現主義《ひょうげんしゅぎ》など、20世紀《せいき》の美術《びじゅつ》にも大《おお》きな影響《えいきょう》を及《およ》ぼした。代表作《だいひょうさく》：「ジャガイモを食《た》べる人々《ひとびと》」「ひまわり」「糸杉《いとすぎ》と星《ほし》の見《み》える道《みち》」「カラスのいる麦畑《むぎばたけ》」など。

直観力《ちょっかんりょく》と想像力《そうぞうりょく》を、抑《おさ》え込《こ》んではならない。

偉業《いぎょう》は一時的《いちじてき》な衝動《しょうどう》でなされるものではなく、小《ちい》さなことの積《つ》み重《かさ》ねによって成《な》し遂《と》げられるのだ。

15

フローレンス・ナイチンゲール

1820年《ねん》5月《がつ》12日《にち》～1910年《ねん》8月《がつ》13日《にち》／イギリスの看護師《かんごし》、看護教育学者《かんごきょういくがくしゃ》、社会起業家《しゃかいきぎょうか》

近代看護教育《きんだいかんごきょういく》の母《はは》。クリミア戦争《せんそう》での負傷兵《ふしょうへい》たちへの献身《けんしん》や統計《とうけい》に基《もと》づく医療衛生改革《いりょうえいせいかいかく》で著名《ちょめい》。国際看護師《こくさいかんごし》の日《ひ》（5月《がつ》12日《にち》）はナイチンゲールの誕生日《たんじょうび》。ロンドンの聖《せい》トーマス病院《びょういん》に付属《ふぞく》して世界初《せかいはつ》の宗教系《しゅうきょうけい》でない看護学校《かんごがっこう》であるナイチンゲール看護学校《かんごがっこう》を設立《せつりつ》。

あなたがいくら優《やさ》しい心《こころ》の持《も》ち主《ぬし》でも、行動《こうどう》が伴《ともな》っていなければ自分《じぶん》の思《おも》いを十分《じゅうぶん》に相手《あいて》に伝《つた》えることはできません。

▶〝クリミアの天使《てんし》〟と呼《よ》ばれたナイチンゲール。「犠牲《ぎせい》なき献身《けんしん》こそ真《しん》の奉仕《ほうし》」という信念《しんねん》のもと看護《かんご》の仕事《しごと》をした。

16 ヘレン・ケラー

1880年《ねん》6月《がつ》27日《にち》〜1968年《ねん》6月《がつ》1日《たち》／アメリカの教育家《きょういくか》、社会福祉活動家《しゃかいふくしかつどうか》、著作家《ちょさくか》

障害者《しょうがいしゃ》の教育《きょういく》・福祉《ふくし》の発展《はってん》に尽力《じんりょく》した。生後《せいご》19カ月《げつ》で猩紅熱《しょうこうねつ》のために盲聾唖《もうろうあ》（三重苦《さんじゅうく》）となるが、家庭教師《かていきょうし》アン・サリバンの教育《きょういく》によって読《よ》み書《か》きを覚《おぼ》えて大学《だいがく》を卒業《そつぎょう》した。日本《にほん》では「奇跡《きせき》の人《ひと》」と呼《よ》ばれている。

くよくよしない心《こころ》は、人《ひと》を成功《せいこう》に導《みちび》きます。
どんな時《とき》も、
そこに明《あか》るい気持《きも》ちと希望《きぼう》がなくては成功《せいこう》はありません。

世界《せかい》は苦難《くなん》に満《み》ちている。
また、それを乗《の》り越《こ》えることにも満《み》ちている。

17 マーティン・ルーサー・キング・ジュニア

1929年《ねん》1月《がつ》15日《にち》〜1968年《ねん》4月《がつ》4日《か》／牧師《ぼくし》、アフリカ系《けい》アメリカ人公民権運動《じんこうみんけんうんどう》の指導者《しどうしゃ》

キング牧師《ぼくし》の名《な》で知《し》られる。アメリカにおけるアフリカ系《けい》アメリカ人《じん》に対《たい》する人種差別《じんしゅさべつ》の歴史《れきし》を語《かた》る上《うえ》で重要《じゅうよう》な人物《じんぶつ》の一人《ひとり》。〝I Have a Dream《アイ ハブ ア ドリーム》（私《わたし》には夢《ゆめ》がある）〟で知《し》られる有名《ゆうめい》な演説《えんぜつ》を行《おこな》った。１９６８年《ねん》４月《がつ》４日《か》、遊説活動中《ゆうぜいかつどうちゅう》のテネシー州《しゅう》メンフィスで白人男性《はくじんだんせい》に暗殺《あんさつ》される。１９６４年《ねん》にノーベル平和賞《へいわしょう》を受賞《じゅしょう》。

最初《さいしょ》の一歩《いっぽ》を踏《ふ》み出《だ》しなさい。
階段全体《かいだんぜんたい》を見《み》る必要《ひつよう》はない。
ただ、最初《さいしょ》の一段《いちだん》をのぼりなさい。

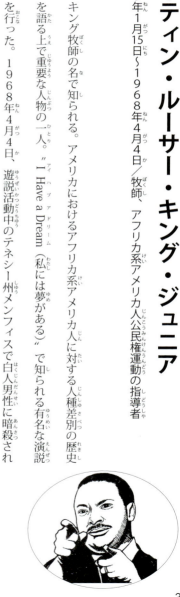

人《ひと》のために何《なに》かをすることで、
だれもが素晴《すば》らしい人《ひと》になれます。

その人間《にんげん》の本当《ほんとう》の価値《かち》は、順調《じゅんちょう》で満足《まんぞく》しているときではなく、
試練《しれん》に立《た》ち向《む》かい、困難《こんなん》と戦《たたか》っているときにわかる。

人《ひと》を許《ゆる》すことを覚《おぼ》え、身《み》につけなければいけません。
許《ゆる》す力量《りきりょう》のない者《もの》には、愛《あい》する力《ちから》もありません。

▶アメリカは自由《じゆう》で民主主義《みんしゅしゅぎ》の国《くに》と思《おも》われているが１９６０年代《ねんだい》までは、白人《はくじん》と黒人《こくじん》の間《あいだ》には、生活《せいかつ》のさまざまな場面《ばめん》で明《あき》らかな差別《さべつ》があった。キング牧師《ぼくし》は、その差別《さべつ》をなくすために行動《こうどう》を起《お》こした。

18

ヨハン・ゼバスティアン・バッハ

1685年《ねん》3月《がつ》31日《にち》～1750年《ねん》7月《がつ》28日《にち》／ドイツの作曲家《さっきょくか》・音楽家《おんがくか》

「音楽《おんがく》の父《ちち》」と呼《よ》ばれている。バロック音楽《おんがく》の重要《じゅうよう》な作曲家《さっきょくか》の一人《ひとり》で、鍵盤楽器《けんばんがっき》の演奏家《えんそうか》としても高名《こうめい》。

音楽《おんがく》だけが世界語《せかいご》であり、翻訳《ほんやく》される必要《ひつよう》がない。
そこにおいては魂《たましい》が魂《たましい》に働《はたら》きかける。

風《かぜ》は見《み》えなくても風車《ふうしゃ》は回《まわ》っている。
音楽《おんがく》は見《み》えなくても心《こころ》に響《ひび》いてくる、囁《ささや》きかける。

19

ルートヴィヒ・ヴァン・ベートーヴェン

1770年《ねん》12月《がつ》16日頃《にちごろ》～1827年《ねん》3月《がつ》26日《にち》／ドイツの作曲家《さっきょくか》

「楽聖《がくせい》」と呼《よ》ばれる。ヨハン・セバスティアン・バッハらと並《なら》んで音楽史上《おんがくしじょう》極《きわ》めて重要《じゅうよう》な作曲家《さっきょくか》。作品《さくひん》は古典派音楽《こてんはおんがく》の集大成《しゅうたいせい》かつロマン派音楽《はおんがく》の先駆《さきが》けとされている。

悩《なや》みを突《つ》き抜《ぬ》けて歓喜《かんき》に至《いた》れ。

『ベートーヴェンの生涯《しょうがい》』（岩波書店《いわなみしょてん》）

やりたいと思《おも》う自分《じぶん》の気持《きも》ちが大切《たいせつ》だ。結果《けっか》や人《ひと》にほめられることを期待《きたい》してはいけない。

▶日本《にほん》で親《した》しまれている交響曲第《こうきょうきょくだい》9番《ばん》は、聴覚障害発症後《ちょうかくしょうがいはっしょうご》に作曲《さっきょく》された。情熱《じょうねつ》は何《なに》ものをも動《うご》かすという証拠《しょうこ》。

発明《はつめい》や発見《はっけん》をした人《ひと》の座右《ざゆう》の銘《めい》

20 アイザック・ニュートン

1643年《ねん》1月《がつ》4日《か》～1727年《ねん》3月《がつ》31日《にち》／イギリスの自然哲学者《しぜんてつがくしゃ》、数学者《すうがくしゃ》、物理学者《ぶつりがくしゃ》

主《おも》な業績《ぎょうせき》として、ニュートン力学《りきがく》（古典力学《こてんりきがく》）の体系化《たいけいか》、万有引力《ばんゆういんりょく》の法則《ほうそく》の発見《はっけん》、微積分《びせきぶん》法《ほう》、光学《こうがく》、光《ひかり》のスペクトル分析《ぶんせき》などがある。ニュートン式反射望遠鏡《しきはんしゃぼうえんきょう》の製作《せいさく》でも有名《ゆうめい》。

今日《きょう》できることに全力《ぜんりょく》を尽《つ》くせ。
そうすれば明日《あす》、一歩進歩《いっぽしんぽ》しているでしょう。
もし私《わたし》が価値《かち》ある発見《はっけん》をしたのであれば、
それは才能《さいのう》ではなく
忍耐強《にんたいづよ》く注意《ちゅうい》をはらっていたことによるものだ。

▶さまざまな発見《はっけん》をしたニュートン。常《つね》に注意深《ちゅういぶか》く自然《しぜん》を観察《かんさつ》する姿勢《しせい》があったからこそ、新《あたら》しい発見《はっけん》ができた。

21 アルベルト・アインシュタイン

1879年《ねん》3月《がつ》14日《か》～1955年《ねん》4月《がつ》18日《にち》／ドイツ生《う》まれの理論物理学者《りろんぶつりがくしゃ》

20世紀最大《せいきさいだい》の物理学者《ぶつりがくしゃ》。現代物理学《げんだいぶつりがく》の父《ちち》とも呼《よ》ばれている。特殊相対性理論《とくしゅそうたいせいりろん》および一般相対《いっぱんそうたい》性理論《せいりろん》、相対性宇宙論《そうたいせいうちゅうろん》、光量子仮説《こうりょうしかせつ》による光《ひかり》の粒子《りゅうし》と波動《はどう》の二重性《にじゅうせい》、アインシュタインの固体比熱理論《こたいひねつりろん》、零点《れいてん》エネルギー、ボーズ＝アインシュタイン凝縮《ぎょうしゅく》などを提唱《ていしょう》した業績《ぎょうせき》により、世界的《せかいてき》に知《し》られている偉人《いじん》である。光量子仮説《こうりょうしかせつ》に基《もと》づく光電効果《こうでんこうか》の理論的解明《りろんてきかいめい》によって1921年《ねん》にノーベル物理学賞《ぶつりがくしょう》を受賞《じゅしょう》。

君《きみ》には二《ふた》つの生《い》き方《かた》がある。
奇跡《きせき》など起《お》こらないと信《しん》じて生《い》きるか、
すべてが奇跡《きせき》だと信《しん》じて生《い》きるかだ。
もちろん、選《えら》ぶ権利《けんり》は君自身《きみじしん》にある。

一番大切《いちばんたいせつ》なことは〝考《かんが》え続《つづ》けること〟を続《つづ》けることである。

自分《じぶん》の目《め》で見《み》る。
自分《じぶん》の心《こころ》で感《かん》じる。
そんな人間《にんげん》がいかに少《すく》ないことか。

常識《じょうしき》とは、18歳《さい》までに蓄《たくわ》えられた偏見《へんけん》の集大成《しゅうたいせい》である。

▶優《すぐ》れた科学者《かがくしゃ》であるアインシュタインは、第一次世界大戦後《だいいちじせかいたいせんご》、平和主義《へいわしゅぎ》を掲《かか》げ戦争《せんそう》を批判《ひはん》し反戦運動《はんせんうんどう》に影響《えいきょう》を与《あた》えた。また、大《だい》の親日家《しんにちか》でもある。「人間《にんげん》が頭《あたま》で考《かんが》えることは、すべて実現可能《じつげんかのう》である」という名言《めいげん》も残《のこ》している。

22 アレクサンダー・グラハム・ベル

1847年《ねん》3月《がつ》3日《か》～1922年《ねん》8月《がつ》2日《か》／スコットランド生《う》まれの科学者《かがくしゃ》、発明家《はつめいか》

世界初《せかいはつ》の実用電話《じつようでんわ》を発明《はつめい》したほか、光無線通信《ひかりむせんつうしん》、水中翼船《すいちゅうよくせん》、航空工学《こうくうこうがく》などの分野《ぶんや》で重要《じゅうよう》な業績《ぎょうせき》を残《のこ》した

一《ひと》つの扉《とびら》が閉《し》まれば、別《べつ》の扉《とびら》が開《ひら》くものだ。しかし、人《ひと》は閉《し》まってしまった扉《とびら》を長《なが》い間《あいだ》、未練《みれん》たっぷりに見《み》つめてしまい、自分《じぶん》のために開《ひら》かれた扉《とびら》に気《き》づかない。

ときには踏《ふ》みならされた道《みち》を離《はな》れ、森《もり》の中《なか》へ入《はい》ってみなさい。そこではきっと、あなたがこれまでに見《み》たことがない、何《なに》か新《あたら》しいものを見出《みいだ》すに違《ちが》いありません。

23

伊能忠敬《いのうただたか》

1745年《ねん》2月《がつ》11日《にち》（延享《えんきょう》2年《ねん》1月《がつ》11日《にち》）～1818年《ねん》5月《がつ》17日《にち》（文化《ぶんか》15年《ねん》4月《がつ》13日《にち》）／江戸時代《えどじだい》の商人《しょうにん》、測量家《そくりょうか》

1800（寛政《かんせい》12）年《ねん》～1816（文化《ぶんか》13）年《ねん》まで、17年《ねん》の年月《ねんげつ》をかけて全国《ぜんこく》を測量《そくりょう》し『大日本沿海輿地全図《だいにっぽんえんかいよちぜんず》』を完成《かんせい》させ、国土《こくど》の正確《せいかく》な姿《すがた》を明《あき》らかにした。

天文暦学《てんもんれきがく》の勉強《べんきょう》や国々《くにぐに》を測量《そくりょう》することで後世《こうせい》に名誉《めいよ》を残《のこ》すつもりは一切《いっさい》ありません。いずれも自然天命《しぜんてんめい》であります。

歩《ある》け、歩《ある》け。続《つづ》けることの大切《たいせつ》さ。

▶隠居後《いんきょご》の50歳《さい》から暦学《れきがく》を学《まな》び、日本初《にほんはつ》の実測地図《じっそくちず》を完成《かんせい》させた。意欲《いよく》と情熱《じょうねつ》があれば、何歳《なんさい》になってもチャレンジができる。

24

カール・ユング

1875年《ねん》7月《がつ》26日《にち》〜1961年《ねん》6月《がつ》6日《か》／スイスの精神科医《せいしんかい》、心理学者《しんりがくしゃ》

深層心理《しんそうしんり》について研究《けんきゅう》し、分析心理学《ぶんせきしんりがく》（ユング心理学《しんりがく》）を創始《そうし》。

相手《あいて》に対《たい》して感《かん》じるいらだちや不快感《ふかいかん》は、自分《じぶん》の心《こころ》を映《うつ》していることがある。

自分《じぶん》の外側《そとがわ》を見《み》ている人《ひと》は、夢《ゆめ》を見《み》ているだけ。自分《じぶん》の内側《うちがわ》を見《み》るとき、人《ひと》は初《はじ》めて目覚《めざ》める。

▶優《すぐ》れた心理学者《しんりがくしゃ》のユングは、また錬金術《れんきんじゅつ》や超常現象《ちょうじょうげんしょう》の研究《けんきゅう》などもし、「共時性《きょうじせい》」を占星術《せんせいじゅつ》、テレパシー、予知《よち》などを説明《せつめい》する原理《げんり》としても考察《こうさつ》した。

25

ガリレオ・ガリレイ

1564年《ねん》2月《がつ》15日《にち》（ユリウス暦《れき》）～1642年《ねん》1月《がつ》8日《か》（グレゴリオ暦《れき》）／イタリアの物理学者《ぶつりがくしゃ》、天文学者《てんもんがくしゃ》

天文学《てんもんがく》の父《ちち》と呼《よ》ばれ、ロジャー・ベーコンとともに科学的手法《かがくてきしゅほう》の開拓者《かいたくしゃ》の一人《ひとり》としても知《し》られる。地動説《ちどうせつ》を唱《とな》える。望遠鏡《ぼうえんきょう》を用《もち》いた天文観測《てんもんかんそく》によって、月表面《つきひょうめん》の凸凹《おうとつ》、木星《もくせい》の四衛星《よんえいせい》（ガリレオ衛星《えいせい》）、金星《きんせい》の満《み》ち欠《か》け、太陽黒点《たいようこくてん》など伝統的《でんとうてき》な宇宙観《うちゅうかん》を否定《ひてい》する発見《はっけん》を行《おこな》った。

それでも地球《ちきゅう》はまわっている。

どうして君《きみ》は他人《たにん》の報告《ほうこく》を信《しん》じるばかりで、自分《じぶん》の目《め》で観察《かんさつ》したり見《み》たりしなかったのですか。

天文学書《てんもんがくしょ》『天文対話《てんもんたいわ》』内《ない》の一文《いちぶん》

26

北里柴三郎《きたさとしばさぶろう》

1853年《ねん》1月《がつ》29日《にち》（嘉永《かえい》5年《ねん》12月《がつ》20日《か》）〜1931（昭和6）年《ねん》6月《がつ》13日《にち》／医学者《いがくしゃ》、細菌学者《さいきんがくしゃ》

「日本《にほん》の細菌学《さいきんがく》の父《ちち》」として知《し》られ、ペスト菌《きん》や破傷風《はしょうふう》の治療法《ちりょうほう》を発見《はっけん》。

研究《けんきゅう》だけをやっていてはだめです。
研究《けんきゅう》の結果《けっか》を世《よ》の中《なか》に役立《やくだ》てる方法《ほうほう》を考《かんが》えなさい。
たとえ立場《たちば》の高《たか》い人《ひと》の意見《いけん》でも、
間違《まちが》っていたら指摘《してき》して正《ただ》さなければならない。

27

クリストファー・コロンブス

1451年頃《ねんごろ》～1506年《ねん》5月《がつ》20日《か》／イタリア・ジェノバ出身《しゅっしん》の探検家《たんけんか》、航海者《こうかいしゃ》、コンキスタドール

大航海時代《だいこうかいじだい》においてキリスト教世界《きょうせかい》の白人《はくじん》としては最初《さいしょ》にアメリカ海域《かいいき》へ到達《とうたつ》した人物《じんぶつ》の一人《ひとり》。1492年《ねん》10月《がつ》12日《にち》、新大陸《しんたいりく》の最初《さいしょ》の発見《はっけん》として、サン・サルバドル島《とう》に辿《たど》り着《つ》いた。

創造《そうぞう》は難《むずか》しく、模倣《もほう》は易《やさ》しい。

だれにでもできることであっても、最初《さいしょ》に行動《こうどう》にうつすのは難《むずか》しく勇気《ゆうき》が必要《ひつよう》である。

▶新大陸発見《しんたいりくはっけん》を「誰《だれ》でも西《にし》へ行《い》けば陸地《りくち》にぶつかる」と言《い》われたので、「誰《だれ》かこの卵《たまご》を机《つくえ》に立《た》ててみて下《くだ》さい」と言《い》ったが誰《だれ》もできなかった。そこで卵《たまご》の先《さき》を割《わ》ってから机《つくえ》に立《た》てた「コロンブスの卵《たまご》」の話《はなし》が有名《ゆうめい》。

28

チャールズ・ダーウィン

1809年《ねん》2月《がつ》12日《にち》〜1882年《ねん》4月《がつ》19日《にち》／イギリスの自然科学者《しぜんかがくしゃ》

卓越《たくえつ》した地質学者《ちしつがくしゃ》、生物学者《せいぶつがくしゃ》でもあり、種《しゅ》の形成理論《けいせいりろん》を構築《こうちく》。1859年《ねん》の著書《ちょしょ》『種《しゅ》の起源《きげん》』は自然《しぜん》の多様性《たようせい》の最《もっと》も有力《ゆうりょく》な科学的説明《かがくてきせつめい》として進化《しんか》の理論《りろん》を確立《かくりつ》。

最《もっと》も強《つよ》いものが、あるいは最《もっと》も知的《ちてき》なものが、
生《い》き残《のこ》るわけではない。
最《もっと》も変化《へんか》に対応《たいおう》できるものが生《い》き残《のこ》る。

ある人《ひと》の友人関係《ゆうじんかんけい》は、
その人《ひと》の価値《かち》を測《はか》る最《もっと》も適切《てきせつ》な物差《ものさ》しの一《ひと》つである。

29 トーマス・エジソン

1847年《ねん》2月《がつ》11日《にち》～1931年《ねん》10月《がつ》18日《にち》／アメリカの発明家《はつめいか》、起業家《きぎょうか》

「発明王《はつめいおう》」と呼《よ》ばれる。「努力《どりょく》の人《ひと》」「非常《ひじょう》な努力家《どりょくか》」「不屈《ふくつ》の人《ひと》」などとしても知《し》られている。蓄音器《ちくおんき》、白熱電球《はくねつでんきゅう》、活動写真《かつどうしゃしん》など生涯《しょうがい》におよそ1300もの発明《はつめい》と技術革新《ぎじゅつかくしん》を行《おこな》った。

だれもが納得《なっとく》するような常識的《じょうしきてき》な考《かんが》え方《かた》をしていたのでは、成功《せいこう》などあり得《え》ない。

天才《てんさい》は1％のひらめきと99％の努力《どりょく》で作《つく》られる。

ほとんどすべての人間《にんげん》は、
もうこれ以上《いじょう》アイデアを考《かんが》えるのは
不可能《ふかのう》だというところまで行《い》き着《つ》き、
そこでやる気《き》をなくしてしまう。
勝負《しょうぶ》はそこからだというのに。

私《わたし》たちの最大《さいだい》の弱点《じゃくてん》はあきらめることにある。
成功《せいこう》するのに最《もっと》も確実《かくじつ》な方法《ほうほう》は、
常《つね》にもう一回《いっかい》だけ試《ため》してみることだ。

▶才能《さいのう》がいくらあっても、「努力《どりょく》しなければ成功《せいこう》はしない」という努力《どりょく》することの大切《たいせつ》さをエジソンは教《おし》えてくれている。

30

豊田佐吉《とよださきち》

1867年《ねん》3月《がつ》19日《にち》（慶応《けいおう》3年《ねん》2月《がつ》14日《か》）～1930（昭和《しょうわ》5）年《ねん》10月《がつ》30日《にち》／発明家《はつめいか》、実業家《じつぎょうか》

豊田式木鉄混製力織機《とよたしきもくてつこんせいりきしょっき》（豊田式汽力織機《とよたしききりょくしょっき》）、無停止杼換式自動織機《むていしひかんしきじどうしょっき》（G型自動織機《がたじどうしょっき》）をはじめとして、生涯《しょうがい》で発明特許《はつめいとっきょ》84件《けん》、外国特許《がいこくとっきょ》13件《けん》、実用新案《じつようしんあん》35件《けん》を発明《はつめい》。トヨタグループの創始者《そうししゃ》。

自分《じぶん》の周《まわ》りばかり見《み》ていると、小《ちい》さくまとまってしまう。
世界《せかい》は広《ひろ》いのだ。

仕事《しごと》は自分《じぶん》で見《み》つけるべきものだ。
また職業《しょくぎょう》は自分《じぶん》でこしらえるべきものだ。
その心《こころ》がけさえあれば、仕事《しごと》、職業《しょくぎょう》は無限《むげん》にある。

31

野口英世《のぐちひでよ》

1876年《ねん》（明治《めいじ》9）年《ねん》11月《がつ》9日《か》〜1928（昭和《しょうわ》3）年《ねん》5月《がつ》21日《にち》／医師《いし》、細菌学者《さいきんがくしゃ》

細菌学《さいきんがく》の研究《けんきゅう》に主《おも》に従事《じゅうじ》し、黄熱病《おうねつびょう》や梅毒《ばいどく》などの研究《けんきゅう》で世界的《せかいてき》に知《し》られる。黄熱病《おうねつびょう》の研究《けんきゅう》中《ちゅう》に自身《じしん》も罹患《りかん》し、1928（昭和《しょうわ》3）年《ねん》5月《がつ》21日《にち》、英領《えいりょう》ゴールド・コースト（現在《げんざい》のガーナ共和国《きょうわこく》）のアクラで死去《しきょ》。2004（平成16）年《ねん》11月《がつ》より発行《はっこう》されている千円札《せんえんさつ》の肖像《しょうぞう》になっている。

人《ひと》の一生《いっしょう》の幸《しあわ》せも、災《わざわ》いも自分《じぶん》から作《つく》るもの、
周《まわ》りの人間《にんげん》も、周《まわ》りの状況《じょうきょう》も、
自分《じぶん》が作《つく》り出《だ》した影《かげ》と知《し》るべきである。

過去《かこ》を変《か》えることはできないし、変《か》えようとも思《おも》わない。
人生で変《か》えることができるのは、自分《じぶん》と未来《みらい》だけだ。

32 ブレーズ・パスカル

1623年《ねん》6月《がつ》19日《にち》〜1662年《ねん》8月《がつ》19日《にち》／フランスの哲学者《てつがくしゃ》、自然哲学者《しぜんてつがくしゃ》、物理学者《ぶつりがくしゃ》、思想家《しそうか》、数学者《すうがくしゃ》

「人間《にんげん》は考《かんが》える葦《あし》である」などの多数《たすう》の名言《めいげん》やパスカルの賭《か》けなどの多数《たすう》の有名《ゆうめい》な思弁《しべん》がある。パスカルの三角形《さんかくけい》、パスカルの原理《げんり》、パスカルの定理《ていり》などの発見《はっけん》で知《し》られる。遺稿集《いこうしゅう》『パンセ』は有名《ゆうめい》。

人間《にんげん》はひとくきの葦《あし》にすぎない。自然《しぜん》の中《なか》で最《もっと》も弱《よわ》いものである。だが、それは考《かんが》える葦《あし》である。

『パンセ』の中の一節

無《む》知《ち》を恐《おそ》れるなかれ。偽《いつわ》りの知《ち》恵《え》を恐《おそ》れよ。

▶哲学者《てつがくしゃ》であり、自然《しぜん》の真理《しんり》を探究《たんきゅう》する物理学者《ぶつりがくしゃ》のパスカルの言葉《ことば》には、深《ふか》い意味《いみ》が込《こ》められている。

33 マリ・キュリー

1867年《ねん》11月《がつ》7日《か》〜1934年《ねん》7月《がつ》4日《か》／ポーランドの物理学者《ぶつりがくしゃ》・化学者《かがくしゃ》

キュリー夫人《ふじん》として有名《ゆうめい》。放射線《ほうしゃせん》の研究《けんきゅう》で、1903年《ねん》に夫《おっと》ピエール・キュリー、ベクレルとともに、ノーベル物理学賞《ぶつりがくしょう》を受賞《じゅしょう》。その後《ご》、1911年《ねん》にノーベル化学賞《かがくしょう》も受賞《じゅしょう》。

自分《じぶん》の仕事《しごと》の利益《りえき》と人々《ひとびと》の幸福《こうふく》を両立《りょうりつ》できる人間《にんげん》が
社会《しゃかい》には必要《ひつよう》です。
そのような人《ひと》はもちろん立派《りっぱ》な人物《じんぶつ》ですが、
しかし、利益《りえき》を度外視《どがいし》して
自分《じぶん》の正義《せいぎ》と信念《しんねん》で行動《こうどう》できる人《ひと》も社会《しゃかい》には必要《ひつよう》です。

人生最大《じんせいさいだい》の喜《よろこ》びと報酬《ほうしゅう》は、知的活動《ちてきかつどう》によって得《え》られるものなのです。

34

湯川秀樹《ゆかわひでき》

1907（明治《めいじ》40）年《ねん》1月《がつ》23日《にち》〜1981（昭和《しょうわ》56）年《ねん》9月《がつ》8日《か》／理論物理学者《りろんぶつりがくしゃ》

原子核内部《げんしかくないぶ》において、陽子《ようし》や中性子《ちゅうせいし》を互《たが》いに結合《けつごう》させる強《つよ》い相互作用《そうごさよう》の媒介《ばいかい》となる中間子《ちゅうかんし》の存在《そんざい》を1935（昭和《しょうわ》10）年《ねん》に理論的《りろんてき》に予言《よげん》。1949（昭和《しょうわ》24）年《ねん》に日本人《にほんじん》として初《はじ》めてノーベル賞《しょう》（物理学賞《ぶつりがくしょう》）を受賞《じゅしょう》。

一日《いちにち》生《い》きることは、一歩《いっぽ》進《すす》むことでありたい。

「京都大学基礎物理学研究所《きょうとだいがくきそぶつりがくけんきゅうじょ》にある色紙《しきし》より」

いろいろなことにあれこれ手《て》を出《だ》すよりも、一《ひと》つのことに集中《しゅうちゅう》した方《ほう》が成果《せいか》が出《で》る。

35

レオナルド・ダ・ヴィンチ

1452年《ねん》4月《がつ》15日《にち》~1519年《ねん》5月《がつ》2日《か》/イタリアの芸術家《げいじゅつか》

ミケランジェロ、ラファエロと並《なら》ぶルネサンスの三大巨匠《さんだいきょしょう》の一人《ひとり》。音楽《おんがく》、建築《けんちく》、数学《すうがく》、幾何学《きかがく》、解剖学《かいぼうがく》、生理学《せいりがく》、動植物学《どうしょくぶつがく》、天文学《てんもんがく》、気象学《きしょうがく》、地質学《ちしつがく》、地理学《ちりがく》、物理学《ぶつりがく》、光学《こうがく》、力学《りきがく》、土木工学《どぼくこうがく》などさまざまな分野《ぶんや》に顕著《けんちょ》な業績《ぎょうせき》と手稿《しゅこう》を残《のこ》し、「万能人《ばんのうじん》」という異名《いみょう》をとる。代表作《だいひょうさく》:「モナ・リザ」「最後《さいご》の晩餐《ばんさん》」「ウィトルウィウス的人体図《てきじんたいず》」など多数《たすう》。

精神《せいしん》は、鍛錬《たんれん》なしには堕落《だらく》する。

知識《ちしき》は実験《じっけん》の娘《むすめ》である。

鉄《てつ》が使用《しよう》せずして錆《さ》び、水《みず》がくさりまたは寒中《かんちゅう》に凍《こお》るように、
才能《さいのう》も用《もち》いずしてはそこなわれる。

よい判断力《はんだんりょく》はよい理解《りかい》から生《う》まれ、
よい理解《りかい》はよい法則《ほうそく》から引《ひ》き出《だ》された理論《りろん》から生《う》まれる。
そしてよい法則《ほうそく》は、ありとあらゆる化学《かがく》および芸術《げいじゅつ》の共通《きょうつう》の母《はは》、
よい経験《けいけん》の娘《むすめ》である。

『レオナルド・ダ・ヴィンチの手記《しゅき》』（岩波書店《いわなみしょてん》）

多《おお》くの人《ひと》の役《やく》に立《た》った人《ひと》の座右《ざゆう》の銘《めい》

36

アルベルト・シュヴァイツァー

1875年《ねん》1月《がつ》14日《か》～1965年《ねん》9月《がつ》4日《か》／ドイツの神学者《しんがくしゃ》、哲学者《てつがくしゃ》、医師《いし》

「密林《みつりん》の聖者《せいじゃ》」と呼《よ》ばれている。アフリカの赤道直下《せきどうちょっか》のガボンのランバレネにおいて、現地《げんち》の住民《じゅうみん》への医療《いりょう》などに生涯《しょうがい》を捧《ささ》げた。1952年《ねん》にノーベル平和賞《へいわしょう》を受賞《じゅしょう》。

変《か》わることのない優《やさ》しさは、多《おお》くを成《な》し遂《と》げる。
太陽《たいよう》が氷《こおり》を溶《と》かすように、
親切《しんせつ》な行《おこな》いが誤解《ごかい》や不信《ふしん》や敵意《てきい》を蒸発《じょうはつ》させる。
世界中《せかいじゅう》どこであろうと、
振《ふ》り返《かえ》ればあなたを必要《ひつよう》とする人《ひと》がいる。

37

空海《くうかい》（弘法大師《こうぼうだいし》）

774（宝亀《ほうき》5）年《ねん》～835年《ねん》4月《がつ》22日《にち》（承和《じょうわ》2年《ねん》3月《がつ》21日《にち》）／平安時代《へいあんじだい》の僧《そう》

真言宗《しんごんしゅう》の開祖《かいそ》。中国《ちゅうごく》より真言密教《しんごんみっきょう》をもたらす。能書家《のうしょか》としても知《し》られ、嵯峨天皇《さがてんのう》・橘逸《たちばなのはや》勢《なり》とともに三筆《さんぴつ》の一人《ひとり》に数《かぞ》えられている。

ものの道理《どうり》を見《み》る目《め》が開《ひら》いていれば、
身《み》の回《まわ》りのものすべてが大事《だいじ》なものだとわかる。

もし自分《じぶん》に適《てき》していることにその能力《のうりょく》を使《つか》うなら、
物事《ものごと》は極《きわ》めてうまくゆく。
しかし、自分《じぶん》に向《む》いていない物事《ものごと》に、その能力《のうりょく》を使《つか》うなら、
労多《ろうおお》く、益《えき》は少《すく》ないだろう。

38

最澄《さいちょう》（伝教大師《でんぎょうだいし》）

生誕年不詳《せいたんねんふしょう》～822年《ねん》6月《がつ》26日《にち》（弘仁《こうにん》13年《ねん》6月《がつ》4日《か》）／平安時代《へいあんじだい》の僧《そう》

比叡山延暦寺《ひえいざんえんりゃくじ》を建《た》てて天台宗《てんだいしゅう》の開祖《かいそ》となる。

国宝《こくほう》とは何物《なにもの》ぞ、宝《たから》とは道心《どうしん》なり、
道心《どうしん》あるの人《ひと》を名《な》づけて国宝《こくほう》となす。
己《おのれ》を忘《わす》れ、他《た》を利《り》するは慈悲《じひ》の極《きわ》みなり。

39

釈迦《しゃか》（ガウタマ・シッダールタ）

紀元前《きげんぜん》6世紀《せいき》または紀元前《きげんぜん》5世紀頃《せいきごろ》／北《きた》インドにいたとされる人物《じんぶつ》

仏教《ぶっきょう》の開祖《かいそ》。世界《せかい》でおよそ5億人《おくにん》の仏教徒《ぶっきょうと》がいる。釈迦《しゃか》の死後《しご》、部派仏教《ぶはぶっきょう》、上座部仏《じょうざぶぶっ》教《きょう》、大乗仏教《だいじょうぶっきょう》、密教《みっきょう》、チベット仏教《ぶっきょう》などにわかれアジア各地《かくち》に伝《つた》わる。

人間《にんげん》はすべて平等《びょうどう》であり、すべての人《ひと》はほろびる運命《うんめい》にあるのだから、欲《よく》は捨《す》てなさい。

善《ぜん》をなすのを急《いそ》げ。悪《あく》を心《こころ》から退《しりぞ》けよ。善《ぜん》をなすのにのろのろしたら、心《こころ》は悪事《あくじ》をたのしむ。

『ブッダの真理《しんり》のことば・感興《かんきょう》のことば』（岩波書店《いわなみしょてん》）

40

親鸞《しんらん》

1173年《ねん》5月《がつ》21日《にち》（承安《じょうあん》3年《ねん》4月《がつ》1日《たち》）～1263年《ねん》1月《がつ》16日《にち》（弘長《こうちょう》2年《ねん》11月《がつ》28日《にち》）／鎌倉時代《かまくらじだい》の僧《そう》

浄土真宗《じょうどしんしゅう》の宗祖《しゅうそ》。法然《ほうねん》を師《し》と仰《あお》ぎ生涯《しょうがい》にわたり、法然《ほうねん》によって明《あき》らかにされた浄土往生《じょうどおうじょう》を説《と》く真実《しんじつ》の教《おし》えを継承《けいしょう》。

賢者《けんじゃ》の信《しん》は、内《うち》は賢《けん》にして外《そと》は愚《ぐ》なり、
愚禿《ぐとく》が心《こころ》は、内《うち》は愚《ぐ》にして外《そと》は賢《けん》なり。
楽《らく》あらばとて毒《どく》を飲《の》むべからず。

『親鸞全集《しんらんぜんしゅう》』（春秋社《しゅんじゅうしゃ》）

41

道元《どうげん》

1200年《ねん》1月《がつ》19日《にち》（正治《しょうじ》2年《ねん》1月《がつ》2日《か》）〜1253年《ねん》9月《がつ》22日《にち》（建長《けんちょう》5年《ねん》8月《がつ》28日《にち》／鎌倉時代《かまくらじだい》の禅僧《ぜんそう》

曹洞宗《そうとうしゅう》の開祖《かいそ》。坐禅《ざぜん》している姿《すがた》そのものが仏《ほとけ》であり、修行《しゅぎょう》の中《なか》に悟《さと》りがあるという修証《しゅしょう》一等《いっとう》、只管打坐《しかんたざ》の禅《ぜん》を伝《つた》えた。曹洞禅思想《そうとうぜんしそう》の神髄《しんずい》が説《と》かれている『正法眼蔵《しょうぼうげんぞう》』を著《あらわ》す。

何事《なにごと》も一心不乱《いっしんふらん》にやれば
宇宙《うちゅう》の真理《しんり》を体《からだ》で感《かん》じ取《と》ることができる。

我《わ》が身《み》、愚鈍《ぐどん》なればとて卑下《ひげ》することなかれ。

42

新《に》渡《と》戸《べ》稲《いな》造《ぞう》

1862年《ねん》9月《がつ》1日《たち》(文久《ぶんきゅう》2年《ねん》8月《がつ》8日《か》)～1933(昭和《しょうわ》8)年《ねん》10月《がつ》15日《にち》／教育者《きょういくしゃ》・思想家《しそうか》

札幌農学校卒業後《さっぽろのうがっこうそつぎょうご》、アメリカ・ドイツに留学《りゅうがく》。一高校長《いっこうこうちょう》、東京帝大教授《とうきょうていだいきょうじゅ》、東京女子大《とうきょうじょしだい》初代学長《しょだいがくちょう》、国際連盟事務次長《こくさいれんめいじむじちょう》、太平洋問題調査会理事長《たいへいようもんだいちょうさかいりじちょう》などを歴任《れきにん》。英語《えいご》で書《か》かれた著書《ちょしょ》『武《ぶ》士《し》道《どう》』は日本《にほん》の精神《せいしん》を海外《かいがい》に伝《つた》えるものとして、多《おお》くの言語《げんご》に翻訳出版《ほんやくしゅっぱん》されベストセラーとなり、第《だい》26代《だい》アメリカ合衆国大統領《がっしゅうこくだいとうりょう》セオドア・ルーズベルトらに大《おお》きな感銘《かんめい》を与《あた》えた。『武《ぶ》士《し》道《どう》』の日本語訳《にほんごやく》は1908(明治《めいじ》41)年《ねん》に出版《しゅっぱん》され、その後《ご》も読《よ》み継《つ》がれている。1984(昭和《しょうわ》59)年《ねん》11月《がつ》に発行《はっこう》された五千円紙幣《ごせんえんしへい》の肖像《しょうぞう》に採用《さいよう》された。

活力《かつりょく》をもたらすものは精神《せいしん》である。

『武《ぶ》士《し》道《どう》』(岩波書店《いわなみしょてん》)

もっとも勇気《ゆうき》ある者《もの》はもっとも心優《こころやさ》しい者《もの》であり、
愛《あい》ある者《もの》は勇敢《ゆうかん》である。

それぞれ考《かんが》え方《かた》が違《ちが》うのは当然《とうぜん》である。
その違《ちが》いを認《みと》め合《あ》い、受《う》け入《い》れられる広《ひろ》い心《こころ》を持《も》つことが
大切《たいせつ》なのだ。

43

二宮尊徳《にのみやそんとく》

1787年《ねん》9月《がつ》4日《か》（天明《てんめい》7年《ねん》7月《がつ》23日《にち》）〜1856年《ねん》11月《がつ》17日《にち》（安政《あんせい》3年《ねん》10月《がつ》20日《か》）／江戸時代《えどじだい》の農政家《のうせいか》、思想家《しそうか》

一般《いっぱん》には「二宮金次郎《にのみやきんじろう》」と表記《ひょうき》されることが多《おお》い。経世済民《けいせいさいみん》を目指《めざ》して報徳思想《ほうとくしそう》を唱《とな》え、報徳仕法《ほうとくしほう》と呼《よ》ばれる農村復興政策《のうそんふっこうせいさく》を指導《しどう》。

世《よ》の中《なか》は、知恵《ちえ》があっても学《がく》があっても、至誠《しせい》と実行《じっこう》がなければ、事《こと》は成《な》らない。

大事《だいじ》をなさんと欲《ほっ》せば、小《しょう》なる事《こと》をおこたらず勤《つと》むべし。小《しょう》つもりて大《だい》となればなり。

『二宮翁夜話《にのみやおうやわ》』（岩波書店《いわなみしょてん》）

44

ネルソン・マンデラ

1918年《ねん》7月《がつ》18日《にち》～2013年《ねん》12月《がつ》5日《か》／南《みなみ》アフリカ共和国《きょうわこく》の政治家《せいじか》、弁護士《べんごし》

第《だい》8代《だい》南《みなみ》アフリカ共和国大統領《きょうわこくだいとうりょう》。若《わか》くして反《はん》アパルトヘイト運動《うんどう》に参加《さんか》。1964年《ねん》に国家反逆罪《こっかはんぎゃくざい》で終身刑《しゅうしんけい》の判決《はんけつ》を受《う》ける。27年間《ねんかん》に及《およ》ぶ獄中生活《ごくちゅうせいかつ》の後《あと》、1990年《ねん》に釈放《しゃくほう》される。1991年《ねん》にアフリカ民族会議《みんぞくかいぎ》の議長《ぎちょう》に就任《しゅうにん》。第《だい》7代《だい》南《みなみ》アフリカ共和国大統領《きょうわこくだいとうりょう》フレデリック・ウィレム・デクラークとともにアパルトヘイト撤廃《てっぱい》に尽力《じんりょく》。1993年《ねん》にノーベル平和賞《へいわしょう》を受賞《じゅしょう》。1994年《ねん》、南《みなみ》アフリカ初《はつ》の全人種参加選挙《ぜんじんしゅさんかせんきょ》を経《へ》て大統領《だいとうりょう》に就任《しゅうにん》。民族和解《みんぞくわかい》・協調政策《きょうちょうせいさく》を進《すす》め、経済政策《けいざいせいさく》として復興開発計画《ふっこうかいはつけいかく》（RDP《アールディーピー》）を実施《じっし》。

勇者《ゆうしゃ》とは怖《おそ》れを知《し》らない人間《にんげん》ではなく、怖《おそ》れを克服《こくふく》する人間《にんげん》のことなのだ。

『自由《じゆう》への長《なが》い道《みち》』

生《う》まれたときから、肌《はだ》の色《いろ》や育《そだ》ち、
宗教《しゅうきょう》で他人《たにん》を憎《にく》む人《ひと》などいない。
人《ひと》は憎《にく》むことを学《まな》ぶのだ。
もし憎《にく》しみを学《まな》べるのなら、愛《あい》を教《おし》えることもできる。
愛《あい》は、憎《にく》しみに比《くら》べ、より自然《しぜん》に人間《にんげん》の心《こころ》にとどく。

人間《にんげん》として、何《なに》もせず、何《なに》も言《い》わず、
不正《ふせい》に立《た》ち向《む》かわず、抑圧《よくあつ》に抗議《こうぎ》せず、
また、自分《じぶん》たちにとってのよい社会《しゃかい》、
よい生活《せいかつ》を追《お》い求《もと》めずにいることは、
不可能《ふかのう》なのです。

『自由《じゆう》への長《なが》い道《みち》』

45

マザー・テレサ

1910年《ねん》8月《がつ》26日《にち》～1997年《ねん》9月《がつ》5日《か》／マケドニア出身《しゅっしん》のカトリック教会《きょうかい》の修道女《しゅうどうじょ》

聖人《せいじん》。コルカタの聖《せい》テレサとも呼《よ》ばれる。修道会《しゅうどうかい》「神《かみ》の愛《あい》の宣教者会《せんきょうしゃかい》」の創立者《そうりつしゃ》。飢《う》えた人《ひと》、裸《はだか》の人《ひと》、家《いえ》のない人《ひと》、体《からだ》の不自由《ふじゆう》な人《ひと》、病気《びょうき》の人《ひと》、必要《ひつよう》とされることのないすべての人《ひと》、愛《あい》されていない人《ひと》、だれからも世話《せわ》されない人《ひと》のために働《はたら》く。

優《やさ》しい言葉《ことば》はたとえ簡単《かんたん》な言葉《ことば》でもずっとずっと心《こころ》にこだまする。

ほほえみとふれあいを忘《わす》れてしまった人《ひと》は、たとえ多《おお》くのお金《かね》を持《も》っていても心《こころ》は貧《まず》しいのです。

最大《さいだい》の罪《つみ》は愛《あい》とあわれみをもたないことです。搾取《さくしゅ》されたり、堕落《だらく》したり、赤貧《せきひん》の中《なか》にいたり、病気《びょうき》で困《こま》っていたりする隣人《りんじん》を目《め》にしながら恐《おそ》るべき無関心《むかんしん》でいることです。

『マザー・テレサ愛《あい》を語《かた》る』（日本教文社《にほんきょうぶんしゃ》）

私《わたし》たちは大《おお》きなことはできません。ただ小《ちい》さなことを大《おお》きな愛《あい》で行《おこな》うだけです。

▶マザー・テレサの言葉《ことば》には、「人《ひと》に優《やさ》しくなる」ためのヒントと奉仕《ほうし》の心《こころ》を持《も》つヒントが散《ち》りばめられている。

46

マハトマ・ガンジー

1869年《ねん》10月《がつ》2日《か》～1948年《ねん》1月《がつ》30日《にち》／インドの弁護士《べんごし》、宗教家《しゅうきょうか》、政治指導者《せいじしどうしゃ》

インド独立《どくりつ》の父《ちち》。「偉大《いだい》な魂《たましい》」という意味《いみ》の〝マハトマ〟の名《な》で呼《よ》ばれる。「非暴力《ひぼうりょく》、不服従《ふふくじゅう》」の思想《しそう》のもとイギリスからの独立運動《どくりつうんどう》を指揮《しき》した。

その人《ひと》によくしてもらいたいなら、あなたから変《か》わるきっかけを作《つく》るべきだ。

目的《もくてき》を見《み》つけよ。手段《しゅだん》はついてくる。

固《かた》く握《にぎ》りしめた拳《こぶし》とは手《て》をつなげない。

夢《ゆめ》をかなえた人《ひと》の座右《ざゆう》の銘《めい》

47 アンドリュー・カーネギー

1835年《ねん》11月《がつ》25日《にち》〜1919年《ねん》8月《がつ》11日《にち》／スコットランド生《う》まれのアメリカの実業家《じつぎょうか》

カーネギー鉄鋼会社《てっこうがいしゃ》を創業《そうぎょう》し、「鋼鉄王《こうてつおう》」と称《しょう》される。事業《じぎょう》で成功《せいこう》を収《おさ》めた後《のち》、教育《きょういく》や文化《ぶんか》の分野《ぶんや》へ多《おお》くの寄付《きふ》を行《おこな》ったことから、慈善活動家《じぜんかつどうか》としてよく知《し》られている。

どんなことでも先延《さきの》ばしにする人《ひと》は、人生《じんせい》を失敗《しっぱい》する。

大《おお》きな問題《もんだい》に直面《ちょくめん》したときは、その問題《もんだい》を一度《いちど》に解決《かいけつ》しようとはせずに、問題《もんだい》を細分化《さいぶんか》し、その一《ひと》つひとつを解決《かいけつ》するようにしなさい。

▶自分《じぶん》の仕事《しごと》に細心《さいしん》の注意《ちゅうい》を払《はら》い、たゆまぬ探究心《たんきゅうしん》と努力《どりょく》が「成功《せいこう》の秘訣《ひけつ》」だと教《おし》えてくれる。

48 ウォルト・ディズニー

1901年《ねん》12月《がつ》5日《か》～1966年《ねん》12月《がつ》15日《にち》／アメリカのアニメーター、実業家《じつぎょうか》

世界的《せかいてき》に有名《ゆうめい》なアニメーションキャラクター「ミッキー・マウス」の生《う》みの親《おや》。

考《かんが》えなさい。調査《ちょうさ》し、探究《たんきゅう》し、問《と》いかけ、熟考《じゅっこう》するのです。

夢《ゆめ》を実現《じつげん》する秘訣《ひけつ》は4つのC《シー》で要約《ようやく》される。
好奇心《こうきしん》（curiosity《キュリオシティ》）、
確信《かくしん》（confidence《コンフィデンス》）、
勇気《ゆうき》（courage《カレッジ》）、
継続性《けいぞくせい》（constancy《コンスタンシー》）だ。

49

スティーブ・ジョブズ

1955年《ねん》2月《がつ》24日《か》～2011年《ねん》10月《がつ》5日《か》／アメリカの実業家《じつぎょうか》

コンピューターメーカーのアップルの共同設立者《きょうどうせつりつしゃ》の一人《ひとり》。1986年《ねん》、ピクサー・アニメーション・スタジオを設立《せつりつ》。iPod《アイポッド》・iPhone《アイフォン》・iPad《アイパッド》といった製品群《せいひんぐん》を軸《じく》に、アップルの業務範囲《ぎょうむはんい》を従来《じゅうらい》のパソコンからデジタル家電《かでん》とメディア配信事業《はいしんじぎょう》へと拡大《だいかく》させた。

Stay hungry.《ステイハングリー》 Stay foolish.《ステイフーリッシュ》　ハングリーであれ、愚《おろ》か者《もの》であれ。

スタンフォード大学《だいがく》での講演《こうえん》（2005年《ねん》）

もし今日《きょう》が人生最後《じんせいさいご》の日《ひ》だとしたら、今《いま》やろうとしていることは本当《ほんとう》に自分《じぶん》のやりたいことだろうか？

スタンフォード大学《だいがく》での講演《こうえん》（2005年《ねん》）

50

デール・カーネギー

1888年《ねん》11月《がつ》24日《か》～1955年《ねん》11月《がつ》1日《たち》／アメリカの作家《さっか》、自己啓発《じこけいはつ》・企業《きぎょう》トレーニングコースの開発者《かいはつしゃ》

「他人《たにん》に対《たい》する自己《じこ》の行動《こうどう》を変《か》えることにより、他人《たにん》の行動《こうどう》を変《か》えることができる」という考《かんが》えを基本《きほん》として書《か》かれた、今日《こんにち》でも支持《しじ》の高《たか》い自己啓発書《じこけいはつしょ》の名著《めいちょ》『人《ひと》を動《うご》かす』『道《みち》は開《ひら》ける』の著者《ちょしゃ》として有名《ゆうめい》。

笑顔《えがお》は１ドルの元手《もとで》もいらないが、１００万《まん》ドルの価値《かち》を生《う》み出《だ》してくれる。

もし自分《じぶん》が間違《まちが》っていたと素直《すなお》に認《みと》める勇気《ゆうき》があるなら、災《わざわ》いを転《てん》じて福《ふく》となすことができる。過《あやま》ちを認《みと》めれば、周囲《しゅうい》の者《もの》がこちらを見直《みなお》すだけでなく、自分自身《じぶんじしん》を見直《みなお》すようになるからだ。

51 ニール・アームストロング

1930年《ねん》8月《がつ》5日《か》～2012年《ねん》8月《がつ》25日《にち》／アメリカの海軍飛行士《かいぐんひこうし》、宇宙飛行士《うちゅうひこうし》

1969年《ねん》7月《がつ》16日《にち》に打《う》ち上《あ》げられたアポロ11号《ごう》で、人類《じんるい》で初《はじ》めて月面《げつめん》に降《お》り立《た》った。アポロ11号《ごう》での飛行《ひこう》を終《お》えた後《あと》は、大学《だいがく》で教《おし》えたり、実業家としても活躍した。

これは一人《ひとり》の人間《にんげん》にとっては小《ちい》さな一歩《いっぽ》だが、
人類《じんるい》にとっては偉大《いだい》な飛躍《ひやく》である。

52 ビル・ゲイツ

1955年《ねん》10月《がつ》28日《にち》〜／アメリカの実業家《じつぎょうか》、慈善活動家《じぜんかつどうか》

ポール・アレンと共同《きょうどう》でマイクロソフト社《しゃ》を設立《せつりつ》。1995年《ねん》8月《がつ》、「WINDOWS《ウィンドウズ》95」を発売《はつばい》、世界中《せかいじゅう》で爆発的《ばくはつてき》な人気《にんき》を呼《よ》ぶ。2000年《ねん》、妻《つま》のメリンダとともに慈善団《じぜんだん》体《たい》のビル・アンド・メリンダ・ゲイツ財団《ざいだん》を設立《せつりつ》。

少《すく》なくとも一度《いちど》は人《ひと》に笑《わら》われるようなアイデアでなければ独創的《どくそうてき》な発想《はっそう》とは言《い》えない。

悪《わる》い知《し》らせは、早《はや》く知《し》らされなければならない。

▶世界《せかい》で一《いち》、二位《にい》を争《あらそ》う資産家《しさんか》でありながら、倹約家《けんやくか》としても知《し》られている。

53

ヘンリー・フォード

1863年《ねん》7月《がつ》30日《にち》～1947年《ねん》4月《がつ》7日《か》／アメリカの実業家《じつぎょうか》

フォード・モーターの創設者《そうせつしゃ》。ベルトコンベアによる流《なが》れ作業方式《さぎょうほうしき》をはじめ、近代化《きんだいか》されたマス・プロダクション手法《しゅほう》を採用《さいよう》して生産《せいさん》されたT型《ティーがた》フォードは有名《ゆうめい》。

失敗《しっぱい》とは、よりよい方法《ほうほう》で再挑戦《さいちょうせん》するいい機会《きかい》である。

成功《せいこう》の秘訣《ひけつ》？
それは相手《あいて》の立場《たちば》を理解《りかい》し、
同時《どうじ》に自分《じぶん》の立場《たちば》から物事《ものごと》を見《み》るようにすることだ。

▶大量生産方式《たいりょうせいさんほうしき》「フォード・システム」により、安《やす》い値段《ねだん》で自動車《じどうしゃ》が売《う》り出《だ》され、アメリカのモータリゼーションが進《すす》んだ。

54

本田宗一郎《ほんだそういちろう》

1906（明治《めいじ》39）年《ねん》11月《がつ》17日《にち》〜1991（平成《へいせい》3）年《ねん》8月《がつ》5日《か》／実業家《じつぎょうか》、技術者《ぎじゅつしゃ》

本田技研工業《ほんだぎけんこうぎょう》（ホンダ）の創業者《そうぎょうしゃ》。1948（昭和《しょうわ》23）年《ねん》、本田技研工業《ほんだぎけんこうぎょう》を創立《そうりつ》し、自転車《じてんしゃ》の補助《ほじょ》エンジンから始《はじ》め、オートバイ生産《せいさん》に着手《ちゃくしゅ》。1963（昭和《しょうわ》38）年《ねん》、四輪《よんりん》車製造《しゃせいぞう》に進出《しんしゅつ》。

新《あたら》しいアイデアを思《おも》いつきたいなら、まずだれかの話《はなし》を聞《き》け。

こちらが望《のぞ》んでいることを、相手《あいて》にスムーズに受《う》け入《い》れてもらうためには、まず相手《あいて》の気持《きも》ちを考《かんが》えなければならない。

55

松下幸之助《まつしたこうのすけ》

1894（明治《めいじ》27）年《ねん》11月《がつ》27日《にち》～1989（平成元《へいせいがん》）年《ねん》4月《がつ》27日《にち》／実業家《じつぎょうか》

松下電器産業《まつしたでんきさんぎょう》（現《げん》パナソニック）創業者《そうぎょうしゃ》。「経営《けいえい》の神様《かみさま》」とも呼《よ》ばれている。また、PHP《ピーエイチピー》研究所《けんきゅうじょ》を設立《せつりつ》して倫理教育《りんりきょういく》に乗《の》り出《だ》す一方《いっぽう》、晩年《ばんねん》は松下政経塾《まつしたせいけいじゅく》を立《た》ち上《あ》げ政治家《せいじか》の育成《いくせい》にも力《ちから》を注《そそ》いだ。

成功《せいこう》するためには、成功《せいこう》するまで続《つづ》けることである。途中《とちゅう》であきらめて、やめてしまえば、それで失敗《しっぱい》である。

『松下幸之助《まつしたこうのすけ》　成功《せいこう》の金言《きんげん》365』（PHP《ピーエッチピー》研究所《けんきゅうじょ》）

失敗《しっぱい》することを恐《おそ》れるよりも真剣《しんけん》でないことを恐《おそ》れたほうがいい。

『道《みち》をひらく』（PHP《ピーエッチピー》研究所《けんきゅうじょ》）

賢者《けんじゃ》に学《まな》ぶ座右《ざゆう》の銘《めい》

56

アリストテレス

紀元前《きげんぜん》384年《ねん》〜紀元前《きげんぜん》322年《ねん》3月《がつ》7日《か》／古代《こだい》ギリシヤの哲学者《てつがくしゃ》

プラトンの弟子《でし》で、ソクラテス、プラトンとともに、西洋最大《せいようさいだい》の哲学者《てつがくしゃ》の一人《ひとり》。「万学《ばんがく》の祖《そ》」とも呼《よ》ばれる。マケドニア王《おう》アレクサンドロス3世《せい》（アレクサンドロス大王《だいおう》）の家庭《かてい》教師《きょうし》であったことでも知《し》られる。人間《にんげん》の本性《ほんしょう》が「知《ち》を愛《あい》する」ことであると考えた。

我々《われわれ》は、繰《く》り返《かえ》し行《おこな》った行動《こうどう》によって作《つく》られる。行動《こうどう》ではなく、習慣《しゅうかん》が素晴《すば》らしさを生《う》む。大事《だいじ》をなしうる者《もの》は、小事《しょうじ》もなしうる。

『ニコマコス倫理学《りんりがく》』（岩波書店《いわなみしょてん》）

57

アルトゥル・ショーペンハウアー

1788年《ねん》2月《がつ》22日《にち》〜1860年《ねん》9月《がつ》21日《にち》／ドイツの哲学者《てつがくしゃ》

仏教精神《ぶっきょうせいしん》そのものといえる思想《しそう》と、インド哲学《てつがく》の精髄《せいずい》を明晰《めいせき》に語《かた》り尽《つ》くした思想家《しそうか》。生《せい》の哲学《てつがく》、実存主義《じつぞんしゅぎ》の先駆《せんく》と見《み》ることもできる。フリードリヒ・ニーチェへ大《おお》いに影響《えいきょう》を与《あた》えたことは有名《ゆうめい》。

何《なに》をするにしても、行動《こうどう》を起《お》こす前《まえ》に自分《じぶん》の考《かんが》えを持《も》つこと。
これが重要《じゅうよう》である。
実《じつ》はそれだけで、成功《せいこう》するための十分《じゅうぶん》な状況《じょうきょう》を手《て》に入《い》れているのだ。
自分《じぶん》でおこなった貴重《きちょう》な省察《しょうさつ》は、できるだけ早《はや》く書《か》きとめておくべきである。

『知性《ちせい》について　他四篇《ほかよんへん》』（岩波書店《いわなみしょてん》）

58

カエサル（ガイウス・ユリウス・カエサル）

紀元前《きげんぜん》100年《ねん》～紀元前《きげんぜん》44年《ねん》3月《がつ》15日《にち》／共和政《きょうわせい》ローマ期《き》の政治家《せいじか》、軍人《ぐんじん》、文筆家《ぶんぴつか》

「賽《さい》は投《な》げられた」「来《き》た、見《み》た、勝《か》った」「ブルータス、お前《まえ》もか」などの名言《めいげん》でも知《し》られる。暦《こよみ》のユリウス暦《れき》は、カエサルの名称《めいしょう》から来《き》たもの。英語読《えいごよ》みは、ジュリアス・シーザー（Julius Caesar）。

賽《さい》は投《な》げられた。

※賽《さい》＝サイコロ。ことわざでは、「勝負《しょうぶ》を決《き》めるサイコロは、すでに振《ふ》られてしまった」という意味《いみ》

人間《にんげん》は自分《じぶん》が信《しん》じたいことを喜《よろこ》んで信《しん》じるものだ。

『ガリア戦記《せんき》』（岩波書店《いわなみしょてん》）

59

ジャン＝ジャック・ルソー

1712年《ねん》6月《がつ》28日《にち》〜1778年《ねん》7月《がつ》2日《か》／フランスの哲学者《てつがくしゃ》、作家《さっか》

ロマン主義《しゅぎ》の先駆者《せんくしゃ》。『学問芸術論《がくもんげいじゅつろん》』で人為的文明社会《じんいてきぶんめいしゃかい》を批判《ひはん》して自然《しぜん》にかえれと主張《しゅちょう》、『社会契約論《しゃかいけいやくろん》』では人民主権論《じんみんしゅけんろん》を展開《てんかい》し、フランス革命《かくめい》に大《おお》きな影響《えいきょう》を与《あた》えた。代表作《だいひょうさく》：『人間不平等起源論《にんげんふびょうどうきげんろん》』『社会契約論《しゃかいけいやくろん》』『エミール』など。

生《い》きるとは呼吸《こきゅう》することではない。
行動《こうどう》することである。

理性《りせい》、判断力《はんだんりょく》はゆっくりと歩《ある》いてくるが、
偏見《へんけん》は群《む》れをなして走《はし》ってくる。

『エミール』（岩波書店《いわなみしょてん》）

60

ソクラテス

紀元前《きげんぜん》４６９年頃《ねんごろ》～紀元前《きげんぜん》３９９年《ねん》４月《がつ》27日《にち》／古代《こだい》ギリシャの哲学者《てつがくしゃ》

「汝自身《なんじじしん》を知《し》れ」というデルフォイの神託《しんたく》をあらゆる哲学的思考《てつがくてきしこう》の出発点《しゅっぱつてん》におき、人間《にんげん》の自己《じこ》とは身体《しんたい》ではなく霊魂《れいこん》であり、この霊魂《れいこん》をよい状態《じょうたい》に保《たも》つことに人間《にんげん》としての幸福《こうふく》が存在《そんざい》するとの立場《たちば》から、善《ぜん》やその他《ほか》の価値《かち》をロゴスによって吟味《ぎんみ》することを試《こころ》みた。

世界《せかい》を動《うご》かそうと思《おも》ったら、まず自分自身《じぶんじしん》を動《うご》かせ。

まずは「自分《じぶん》は何《なに》も知《し》らない」ということを自覚《じかく》し、そこからすべてを始《はじ》めなさい。

61

ピタゴラス

紀元前《きげんぜん》582年《ねん》〜紀元前《きげんぜん》496年《ねん》／古代《こだい》ギリシヤの数学者《すうがくしゃ》、哲学者《てつがくしゃ》

ピタゴラスの定理《ていり》などで知《し》られ、「サモスの賢人《けんじん》」「クロトンの哲学者《てつがくしゃ》」とも呼《よ》ばれた。ピタゴラスの数学《すうがく》や輪廻転生《りんねてんしょう》についての思想《しそう》はプラトンにも大《おお》きな影響《えいきょう》を与《あた》えた。

意味《いみ》のない言葉《ことば》より、沈黙《ちんもく》のほうがよい。

あなたが望《のぞ》むあらゆるものは、意志《いし》の力《ちから》によって引《ひ》き寄《よ》せられる。

62

プラトン

紀元前《きげんぜん》427年《ねん》～紀元前《きげんぜん》347年《ねん》／古代《こだい》ギリシャの哲学者《てつがくしゃ》

ソクラテスの弟子《でし》で、アリストテレスの師《し》。アテナイ郊外《こうがい》にアカデメイアを創設《そうせつ》。イデアを真実在《しんじつざい》と説《と》き、ヨーロッパ哲学《てつがく》に大《おお》きな影響《えいきょう》を残《のこ》した。

賢者《けんじゃ》は、話《はな》すべきことがあるから口《くち》を開《ひら》く。
愚者《ぐしゃ》は、話《はな》さずにはいられないから口《くち》を開《ひら》く。

目《め》は心《こころ》の窓《まど》である。

63

フランシス・ベーコン

1561年《ねん》1月《がつ》22日《にち》〜1626年《ねん》4月《がつ》9日《か》／イギリスの哲学者《てつがくしゃ》、神学者《しんがくしゃ》

経験哲学《けいけんてつがく》の祖《そ》。「知識《ちしき》は力《ちから》なり」の名言《めいげん》や、「イドラ」の概念《がいねん》で有名《ゆうめい》。

知識《ちしき》は力《ちから》なり。

チャンスだと思《おも》ったら、そのたびに掴《つか》みなさい。チャンスは待《ま》つものではなく、自分《じぶん》で作《つく》り出《だ》すものなのです。

64

フリードリヒ・ニーチェ

1844年《ねん》10月《がつ》15日《にち》〜1900年《ねん》8月《がつ》25日《にち》／ドイツの哲学者

実存主義《じつぞんしゅぎ》の先駆者《せんくしゃ》。悲劇的認識《ひげきてきにんしき》、デカダンス、ニヒリズム、ルサンチマン、超人《ちょうじん》、永劫回帰《えいごうかいき》、力《ちから》への意志《いし》などの独自《どくじ》の概念《がいねん》によって新《あら》たな思想《しそう》を生《う》みだした。代表作《だいひょうさく》：『ツァラトゥストラはかく語《かた》りき』『権力《けんりょく》への意志《いし》』『善悪《ぜんあく》の彼岸《ひがん》』『道徳《どうとく》の系譜《けいふ》』など。

意味《いみ》が見《み》つからないから良《よ》き人生《じんせい》を送《おく》れないのではなく、よき人生《じんせい》を送《おく》れないからこそ意味《いみ》にすがるのだ。

あなたが出会《であ》う最悪《さいあく》の敵《てき》は、いつもあなた自身《じしん》であるだろう。

天賦《てんぷ》の才能《さいのう》がないといっても悲観《ひかん》すべきではない。
才能《さいのう》がないと思《おも》うのならば、それを習得《しゅうとく》すればいいのだ。

『ニーチェ全集《ぜんしゅう》〈7〉曙光《しょこう》』（筑摩書房《ちくましょぼう》）

独創的《どくそうてき》、何《なに》か新《あたら》しいものをはじめて見《み》ることではなくて、
古《ふる》いもの、旧知《きゅうち》のもの、だれもがこれまでに見《み》てきたもの、
あるいは見過《みす》ごしてきたものを
新《あたら》しいものであるかのように見《み》ることが、
本当《ほんとう》に独創的《どくそうてき》な頭脳《ずのう》を特徴付《とくちょうづ》ける所以《ゆえん》である。

『ニーチェ全集〈5〉〈6〉人間的《にんげんてき》、あまりに人間的《にんげんてき》①②』（筑摩書房《ちくましょぼう》）

65

ヨハン・ヴォルフガング・フォン・ゲーテ

1749年《ねん》8月《がつ》28日《にち》〜1832年《ねん》3月《がつ》22日《にち》／ドイツの詩人《しじん》、劇作家《げきさくか》、小説家《しょうせつか》、政治家《せいじか》、法律家《ほうりつか》

ドイツを代表《だいひょう》する文豪《ぶんごう》。『若《わか》きウェルテルの悩《なや》み』などで、シュトゥルム・ウント・ドラング（疾風怒濤《しっぷうどとう》）運動《うんどう》の旗手《きしゅ》として活躍《かつやく》。10年間《ねんかん》、ワイマール公国《こうこく》で要職《ようしょく》を歴任《れきにん》しつつ、イタリア旅行《りょこう》の体験《たいけん》などを通《つう》じて、シラーとともにドイツ古典主義《こてんしゅぎ》を完成《かんせい》。代表作《だいひょうさく》：『若《わか》きウェルテルの悩《なや》み』『ヴィルヘルム・マイスターの修業時代《しゅぎょうじだい》』、叙事詩《じょじし》『ヘルマンとドロテーア』、詩劇《しげき》『ファウスト』など。

自分一人《じぶんひとり》で石《いし》を持《も》ち上《あ》げる気《き》がなかったら、二人《ふたり》がかりでも石《いし》は持《も》ち上《あ》がらない。

『箴言《しんげん》と省察《しょうさつ》』（宝文館）

大切《たいせつ》なことは、まず大志《たいし》を抱《いだ》くこと。
そしてそれを成《な》し遂《と》げる技能《ぎのう》と忍耐《にんたい》を持《も》つことである。
その他《た》のことは重要《じゅうよう》ではない。

焦《あせ》ることは何《なん》の役《やく》にも立《た》たない。
後悔《こうかい》はなおさら役《やく》に立《た》たない。
焦《あせ》りは過《あやま》ちを増《ま》し、後悔《こうかい》は新《あたら》しい後悔《こうかい》を作《つく》る。

66 ルネ・デカルト

1596年《ねん》3月《がつ》31日《にち》〜1650年《ねん》2月《がつ》11日《にち》／フランスの哲学者《てつがくしゃ》、数学者《すうがくしゃ》

合理主義哲学《ごうりしゅぎてつがく》の祖《そ》であり、近世哲学《きんせいてつがく》の父《ちち》とされる。方法的懐疑《ほうほうてきかいぎ》によってすべてを疑《うたが》うが、疑《うたが》っている自己《じこ》の存在《そんざい》を真理《しんり》と認《みと》め、「我思《われおも》う、故《ゆえ》に我《われ》あり」の命題《めいだい》によって哲学《てつがく》の第一《だいいち》原理《げんり》を確立《かくりつ》。

難問《なんもん》は分割《ぶんかつ》せよ。

『方法叙説《ほうほうじょせつ》』（白水社《はくすいしゃ》）

不決断《ふけつだん》こそ最大《さいだい》の害悪《がいあく》。

『情念論《じょうねんろん》』（岩波書店《いわなみしょてん》）

67

老子《ろうし》

生没年不詳《せいぼつねんふしょう》／古代中国《こだいちゅうごく》の春秋戦国時代《しゅんじゅうせんごくじだい》の思想家《しそうか》

道教《どうきょう》の始祖《しそ》。書物《しょもつ》『老子《ろうし》』（『老子道徳経《ろうしどうとくきょう》』）を書《か》いたとされる。宇宙《うちゅう》の根本《こんぽん》を道《タオ》や無《む》と名《な》づけ、これに適合《てきごう》する無為自然《むいしぜん》への復帰《ふっき》を人間《にんげん》のあるべき姿《すがた》と説《と》いた。

人《ひと》を知《し》る者《もの》は智《ち》、自《みずか》ら知《し》る者《もの》は明《めい》なり。
人《ひと》に勝《か》つ者《もの》は力《ちから》あり、自《みずか》ら勝《か》つ者《もの》は強《つよ》し。
足《た》るを知《し》る者《もの》は富《と》む。

魚《さかな》を与《あた》えれば、一日《いちにち》食《た》べていける。
魚《さかな》の取《と》り方《かた》を教《おし》えれば、一生《いっしょう》食《た》べていける。

アメリカの偉人《いじん》の座右《ざゆう》の銘《めい》

68

エイブラハム・リンカン

1809年《ねん》2月《がつ》12日《にち》〜1865年《ねん》4月《がつ》15日《にち》／アメリカ合衆国《がっしゅうこく》第《だい》16代《だい》大統領《だいとうりょう》

南北戦争中《なんぼくせんそうちゅう》の1862年《ねん》9月《がつ》に「奴隷解放宣言《どれいかいほうせんげん》」を行《おこな》う。1863年《ねん》11月《がつ》9日《か》、ゲティスバーグ国立戦没者墓地《こくりつせんぼつしゃぼち》の開所式《かいしょしき》において行《おこな》われた世界的《せかいてき》に有名《ゆうめい》な演説《えんぜつ》である「ゲティスバーグ演説《えんぜつ》」の中《なか》の「人民《じんみん》の、人民《じんみん》による、人民《じんみん》のための政治《せいじ》を地上《ちじょう》から決《けっ》して絶滅《ぜつめつ》させないために、我々《われわれ》がここで固《かた》く決意《けつい》することである」という一節《いっせつ》はアメリカ史《し》で最《もっと》も引用《いんよう》されている。

自己《じこ》の向上《こうじょう》を心《こころ》がけている者《もの》は、
喧嘩《けんか》などするひまがないはずだ。
喧嘩《けんか》の結果《けっか》、不機嫌《ふきげん》になったり、
自制心《じせいしん》を失《うしな》ったりすることを思《おも》えば、
いよいよ喧嘩《けんか》はできなくなる。

人民《じんみん》の、人民《じんみん》による、人民《じんみん》のための政治《せいじ》。

私《わたし》はチャンス到来《とうらい》に備《そな》えて学《まな》び、いつでもすぐ仕事《しごと》にかかれる態度《たいど》を整《ととの》えている。

だれかが成功《せいこう》をおさめることができたということは、他《ほか》の人《ひと》にも同《おな》じことができるという証明《しょうめい》である。

▶南北戦争《なんぼくせんそう》での国家分裂《こっかぶんれつ》の危機《きき》を乗《の》り越《こ》え、〝奴隷解放《どれいかいほう》の父《ちち》〟と呼《よ》ばれたリンカンの言葉《ことば》には、逆境《ぎゃくきょう》にもくじけない強《つよ》さがうかがえる。

69

エレノア・ルーズベルト

1884年《ねん》10月《がつ》11日《にち》〜1962年《ねん》11月《がつ》7日《か》／アメリカ国連代表《こくれんだいひょう》、婦人運動家《ふじんうんどうか》、文筆家《ぶんぴつか》

アメリカ合衆国第《がっしゅうこくだい》32代大統領《だいだいとうりょう》フランクリン・ルーズベルト夫人《ふじん》。リベラル派《は》として有《ゆう》名《めい》。夫《おっと》フランクリン・ルーズベルト大統領《だいとうりょう》が亡《な》くなった後《あと》は、女性《じょせい》の地位向上《ちいこうじょう》のために世界中《せかいじゅう》を飛《と》び回《まわ》った。

自分自身《じぶんじしん》を扱《あつか》う際《さい》には、頭《あたま》を使《つか》いなさい。
ただし、他人《たにん》を扱《あつか》う際《さい》には、心《こころ》を用《もち》いなさい。

人生《じんせい》は生《い》きることが大事《だいじ》なのです。
いつも好奇心《こうきしん》を持《も》ち続《つづ》けることです。
どんな理由《りゆう》があっても決《けっ》して人生《じんせい》に背《せ》を向《む》けてはいけません。

70

ジョージ・ワシントン

1732年《ねん》2月《がつ》22日《にち》〜1799年《ねん》12月《がつ》14日《か》／初代《しょだい》アメリカ合衆国大統領《がっしゅうこくだいとうりょう》

司令官《しれいかん》として、アメリカ独立戦争《どくりつせんそう》を戦《たたか》う。アメリカ合衆国建国《がっしゅうこくけんこく》の父《ちち》として、首都《しゅと》（ワシントンDC《ディーシー》）や州名《しゅうめい》（ワシントン州《しゅう》）などにその名《な》を残《のこ》している。

友情《ゆうじょう》は成長《せいちょう》のおそい植物《しょくぶつ》である。
それが友情《ゆうじょう》という名《な》に値《あたい》する以前《いぜん》に、
それは幾度《いくど》か困難《こんなん》の打撃《だげき》を受《う》けて堪《た》えなければならぬ。

できないことを引《ひ》き受《う》けるな。
約束《やくそく》を守《まも》ることには、細心《さいしん》であれ。

71 ジョン・F・ケネディ

1917年《ねん》5月《がつ》29日《にち》〜1963年《ねん》11月《がつ》22日《にち》／第《だい》35代《だい》アメリカ合衆国《がっしゅうこく》大統領《だいとうりょう》

大統領《だいとうりょう》就任時《しゅうにんじ》の年齢《ねんれい》は43歳《さい》で、歴史上《れきしじょう》、選挙《せんきょ》で選《えら》ばれた大統領《だいとうりょう》としては最《もっと》も若《わか》い大統《だいとう》領《りょう》。20世紀《せいき》生《う》まれの最初《さいしょ》の大統領《だいとうりょう》でもあり、カトリック教徒《きょうと》として初《はつ》の、そして現在《げんざい》まで唯一《ゆいいつ》の大統領《だいとうりょう》。また、アイルランド系《けい》アメリカ人《じん》としても最初《さいしょ》の大統領《だいとうりょう》。在任中《ざいにんちゅう》の1963年《ねん》11月《がつ》22日《にち》、テキサス州《しゅう》ダラスで暗殺《あんさつ》された。「国《くに》が諸君《しょくん》のために何《なに》ができるかを問《と》うのではなく、諸君《しょくん》が国《くに》のために何《なに》ができるかを問《と》うてほしい」という大統領《だいとうりょう》就任式《しゅうにんしき》の演説《えんぜつ》での一節《いっせつ》は有名《ゆうめい》。

我々《われわれ》すべてが等《ひと》しい才能《さいのう》を持《も》っているわけではない。
しかし、我々《われわれ》すべては才能《さいのう》を伸《の》ばす等《ひと》しい機会《きかい》を持《も》つべきだ。

目的《もくてき》と方針《ほうしん》がなければ、努力《どりょく》と勇気《ゆうき》は十分《じゅうぶん》ではない。

「1960年《ねん》に行《おこな》った演説《えんぜつ》の中《なか》の一節《いっせつ》」

我々《われわれ》は言葉《ことば》だけでなく、行為《こうい》でそれを示《しめ》さなくてはならない。

大《おお》きな失敗《しっぱい》を恐《おそ》れない者《もの》だけが、偉大《いだい》なことを成《な》し遂《と》げる。

▶大統領《だいとうりょう》就任《しゅうにん》演説《えんぜつ》では、自由《じゆう》の価値《かち》と自由《じゆう》を守《まも》り発展《はってん》させるために成《な》すべき行動《こうどう》についてアメリカ国民《こくみん》および世界《せかい》の人々《ひとびと》に語《かた》りかけた。

72

フランクリン・ルーズベルト

1882年《ねん》1月《がつ》30日《にち》~1945年《ねん》4月《がつ》12日《にち》/第《だい》32代《だい》アメリカ合衆国大統領《がっしゅうこくだいとうりょう》

世界恐慌《せかいきょうこう》、第二次世界大戦時《だいにじせかいたいせんじ》のアメリカ大統領《だいとうりょう》であり、20世紀前半《せいきぜんはん》の国際政治《こくさいせいじ》における中心人物《ちゅうしんじんぶつ》の一人《ひとり》。アメリカ史上《しじょう》、唯一《ゆいいつ》4選《せん》された大統領《だいとうりょう》。ニューディール政策《せいさく》を行《おこな》う。

あることを真剣《しんけん》に3時間《じかん》考《かんが》えて自分《じぶん》の結論《けつろん》が正《ただ》しいと思《おも》ったら、3年《ねん》かかって考《かんが》えてみたところで、その結論《けつろん》は変《か》わらない。

運命《うんめい》に人《ひと》は縛《しば》られるのではない。ただ自分《じぶん》の心《こころ》に縛《しば》られているだけなのだ。

私《わたし》が自分《じぶん》だけのために働《はたら》いているときには、
自分《じぶん》だけしか私《わたし》のために働《はたら》かなかった。
しかし、私《わたし》が人《ひと》のために働《はたら》くようになってからは、
人《ひと》も私《わたし》のために働《はたら》いてくれたのだ。

ある方法《ほうほう》を選《えら》んで試《ため》すことは常識《じょうしき》である。
もし失敗《しっぱい》しても素直《すなお》に認《みと》めて別《べつ》の方法《ほうほう》を試《ため》そう。
しかし何《なに》にもまして、何《なに》かをすることが大事《だいじ》だ。

73 ベーブ・ルース

1895年《ねん》2月《がつ》6日《か》〜1948年《ねん》8月《がつ》16日《にち》／アメリカのメジャーリーガー

「野球《やきゅう》の神様《かみさま》」と言《い》われ、アメリカの国民的《こくみんてき》なヒーロー。生涯通算本塁打数《しょうがいつうさんほんるいだすう》714本《ほん》。

簡単《かんたん》ではないこともあるが、
君《きみ》にはできる。世界《せかい》は君《きみ》のものなのだから。
あきらめない奴《やつ》には、勝《か》てないよ。

74

ベンジャミン・フランクリン

1706年《ねん》1月《がつ》17日《にち》〜1790年《ねん》4月《がつ》17日《にち》／アメリカ合衆国《がっしゅうこく》の政治家《せいじか》、外交官《がいこうかん》、著述家《ちょじゅつか》

アメリカ合衆国建国《がっしゅうこくけんこく》の父《ちち》の一人《ひとり》。凧《たこ》を用《もち》いた実験《じっけん》で、雷《かみなり》が電気《でんき》であることを明《あき》らかにしたことでも知《し》られている。

小《ちい》さなことの軽視《けいし》が後《のち》の大《おお》きな過失《かしつ》につながる。

君《きみ》の失敗《しっぱい》を友人《ゆうじん》に告《つ》げること、
それが友人《ゆうじん》を大《おお》いに信頼《しんらい》するということだ。
友人《ゆうじん》の失敗《しっぱい》を友人《ゆうじん》に告《つ》げるより、より偉大《いだい》な信頼《しんらい》なのだ。

75

ライト兄弟

兄《あに》（右《みぎ》）―ウィルバー・ライト（1867年《ねん》4月《がつ》16日《にち》〜1912年《ねん》5月《がつ》30日《にち》）

弟《おとうと》（左《ひだり》）―オーヴィル・ライト（1871年《ねん》8月《がつ》19日《にち》〜1948年《ねん》1月《がつ》30日《にち》）

アメリカの動力《どうりょく》飛行機《ひこうき》発明者《はつめいしゃ》。自転車屋《じてんしゃや》をしながら兄弟《きょうだい》で研究《けんきゅう》を続《つづ》け、1903年《ねん》に世界初《せかいはつ》の有人動力飛行《ゆうじんどうりょくひこう》に成功《せいこう》した。

今正《いまただ》しいことも、数年後間違《すうねんごまちが》っていることもある。
逆《ぎゃく》に今間違《いままちが》っていることも、数年後正《すうねんごただ》しいこともある。

もし金儲《かねもう》けに興味《きょうみ》を持《も》っていたとしたら、
きっと、もっと成功《せいこう》の可能性《かのうせい》の高《たか》いものに賭《か》けていただろう。

日本《にほん》の文豪《ぶんごう》の座右《ざゆう》の銘《めい》

76

芥川龍之介《あくたがわりゅうのすけ》

1892（明治《めいじ》25）年《ねん》3月《がつ》1日《たち》～1927（昭和《しょうわ》2）年《ねん》7月《がつ》24日《か》／小説家《しょうせつか》

東京帝国大学《とうきょうていこくだいがく》在学中《ざいがくちゅう》に菊池寛《きくちかん》らと第三次《だいさんじ》『新思潮《しんしちょう》』を創刊《そうかん》。代表作《だいひょうさく》：『羅生門《らしょうもん》』『鼻《はな》』『藪《やぶ》の中《なか》』『河童《かっぱ》』『歯車《はぐるま》』など。

運命《うんめい》は、その人《ひと》の性格《せいかく》の中《なか》にある。

どうせ生《い》きているからには、苦《くる》しいのは当《あ》たり前《まえ》だと思《おも》え。

短編小説《たんぺんしょうせつ》『仙人《せんにん》』

77

金子《かねこ》みすゞ

1903（明治《めいじ》36）年《ねん》4月《がつ》11日《にち》〜1930（昭和《しょうわ》5）年《ねん》3月《がつ》10日《か》／童謡詩人《どうようしじん》

26歳《さい》で死去《しきょ》するまでに500余編《よへん》もの詩《し》を綴《つづ》ったとされる。西條八十《さいじょうやそ》からは「若《わか》き童《どう》謡詩人《ようしじん》の中《なか》の巨星《きょせい》」と賞賛された。代表作《だいひょうさく》：『私《わたし》と小鳥《ことり》とすずと』『大漁《たいりょう》』など。

みんなちがって、みんないい。

詩《し》『わたしと小鳥《ことり》とすずと』

明《あか》るい方《ほう》へ 明《あか》るい方《ほう》へ

▶代表作の「わたしと小鳥《ことり》とすずと」が小学校《しょうがっこう》の国語教科書《こくごきょうかしょ》に採用《さいよう》されることも多《おお》い。

78

川端康成《かわばたやすなり》

1899（明治《めいじ》32）年《ねん》6月《がつ》14日《か》～1972（昭和《しょうわ》47）年《ねん》4月《がつ》16日《にち》／小説家《しょうせつか》、文芸評論家《ぶんげいひょうろんか》

大正《たいしょう》から昭和《しょうわ》の戦前《せんぜん》・戦後《せんご》にかけて活躍《かつやく》した近現代日本文学《きんげんだいにほんぶんがく》の頂点《ちょうてん》に立《た》つ作家《さっか》の一人《ひとり》。1968（昭和43）年《ねん》に日本人初《にほんじんはつ》のノーベル文学賞《ぶんがくしょう》を受賞《じゅしょう》。代表作《だいひょうさく》：『伊豆《いず》の踊子《おどりこ》』『抒情歌《じょじょうか》』『禽獣《きんじゅう》』『雪国《ゆきぐに》』『千羽鶴《せんばづる》』『眠《ねむ》れる美女《びじょ》』『古都《こと》』など。

一生《いっしょう》の間《あいだ》に一人《ひとり》の人間《にんげん》でも幸福《こうふく》にすることができれば、
自分《じぶん》の幸福《こうふく》なのだ。

僕《ぼく》は生《い》きている方《ほう》に味方《みかた》するね。
きっと人生《じんせい》だって、生《い》きている方《ほう》に味方《みかた》するよ。

79

太宰治《だざいおさむ》

1909（明治《めいじ》42）年《ねん》6月《がつ》19日《にち》～1948（昭和《しょうわ》23）年《ねん》6月《がつ》13日《にち》／小説家《しょうせつか》

自殺未遂《じさつみすい》や薬物中毒《やくぶつちゅうどく》を克服《こくふく》し戦前《せんぜん》から戦後《せんご》にかけて多《おお》くの作品《さくひん》を発表《はっぴょう》。没落《ぼつらく》した華族《かぞく》の女性《じょせい》を主人公《しゅじんこう》にした『斜陽《しゃよう》』はベストセラーとなる。代表作《だいひょうさく》：『斜陽《しゃよう》』『走《はし》れメロス』『津軽《つがる》』『お伽草紙《とぎぞうし》』『人間失格《にんげんしっかく》』など。

疑《うたが》いながら、試《ため》しに右《みぎ》へ曲《ま》がるのも、
信《しん》じて断乎《だんこ》として右《みぎ》へ曲《ま》がるのも、その運命《うんめい》は同《おな》じことです。
どっちにしたって引《ひ》き返《かえ》すことはできないんだ。

幸福《こうふく》の便《たよ》りというものは、
待《ま》っているときには決《けっ》して来《こ》ないものだ。

80

谷崎潤一郎《たにざきじゅんいちろう》

1886（明治《めいじ》19）年《ねん》7月《がつ》24日《か》～1965（昭和《しょうわ》40）年《ねん》7月《がつ》30日《にち》／小説家《しょうせつか》

近代日本文学《きんだいにほんぶんがく》を代表《だいひょう》する小説家《しょうせつか》の一人《ひとり》。美《び》や性《せい》に溺《おぼ》れる官能世界《かんのうせかい》を描《えが》く耽美的《たんびてき》な作家《さっか》として文壇《ぶんだん》に登場《とうじょう》。代表作《だいひょうさく》：『刺青《いれずみ》』『痴人《ちじん》の愛《あい》』『卍《まんじ》』『蓼喰《たでく》ふ虫《むし》』『細雪《ささめゆき》』など。

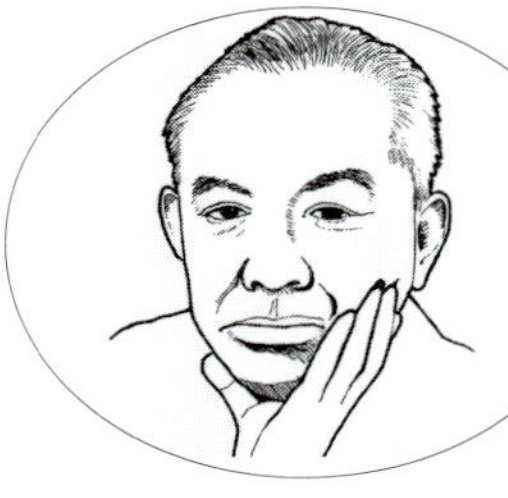

恋《こい》というのは、一《ひと》つの芝居《しばい》なんだから、
筋《すじ》を考《かんが》えなきゃだめだよ。

議論《ぎろん》を吹《ふ》っかける場合《ばあい》には、
わざと隙間《すきま》を拵《こさ》えておくほうがいいんです。
そうしないと敵《てき》が乗《の》って来《こ》ないんです。

81

夏目漱石《なつめそうせき》

1867年《ねん》2月《がつ》9日《か》（慶応《けいおう》3年《ねん》1月《がつ》5日《か》）〜1916（大正《たいしょう》5）年《ねん》12月《がつ》9日《か》／小説家《しょうせつか》、英文学者《えいぶんがくしゃ》

明治《めいじ》の文豪《ぶんごう》。帝国大学《ていこくだいがく》（後《のち》の東京帝国大学《とうきょうていこくだいがく》、現東京大学《げんとうきょうだいがく》）英文科卒業後《えいぶんかそつぎょうご》、愛媛県尋常《えひめけんじんじょう》中学校《ちゅうがっこう》（松山中学校《まつやまちゅうがっこう》）教師《きょうし》、第五高等学校教授《だいごこうとうがっこうきょうじゅ》などを務《つと》めた後《あと》、イギリスへ留学《りゅうがく》。帰《き》国後《こくご》、東京帝国大学講師《とうきょうていこくだいがくこうし》として英文学《えいぶんがく》を講《こう》じながら、『吾輩《わがはい》は猫《ねこ》である』『坊《ぼ》っちゃん』『倫敦塔《ろんどんとう》』『虞美人草《ぐびじんそう》』『三四郎《さんしろう》』『こゝろ』などを発表《はっぴょう》。1984（昭和《しょうわ》59）年《ねん》11月《がつ》に発《はっ》行《こう》された千円紙幣《せんえんしへい》の肖像《しょうぞう》に採用《さいよう》された。

愛嬌《あいきょう》というのはね、自分《じぶん》より強《つよ》いものをたおすやわらかい武器《ぶき》だよ。

自分《じぶん》に誠実《せいじつ》でない者《もの》は、決《けっ》して他人《たにん》に誠実《せいじつ》であり得《え》ない。

82

樋《ひ》口《ぐち》一《いち》葉《よう》

1872年《ねん》5月《がつ》2日《か》（明治《めいじ》5年《ねん》3月《がつ》25日《にち》）〜1896（明治《めいじ》29）年《ねん》11月《がつ》23日《にち》／小説家《しょうせつか》

『たけくらべ』『にごりえ』『十三夜《じゅうさんや》』といった秀作《しゅうさく》を発表《はっぴょう》。24歳《さい》6カ月《げつ》で肺結核《はいけっかく》により死去《しきょ》。2004（平成《へいせい》16）年《ねん》11月から新渡戸《にとべ》稲造《いなぞう》に代《か》わり、五千円《ごせんえん》紙幣《しへい》に新《しん》デザインとして肖像《しょうぞう》が採用《さいよう》された。

色《いろ》に迷《まよ》う人《ひと》は迷《まよ》えばいい。
情《じょう》に狂《くる》う人《ひと》は狂《くる》えばいい。
この世《よ》で一歩《いっぽ》でも天《てん》に近《ちか》づけば、
自然《しぜん》と天《てん》が機会《きかい》を与《あた》えてくれるだろう。
恐《おそ》ろしきは涙《なみだ》の後《あと》の女子心《おんなごころ》なり。

83

宮沢賢治《みやざわけんじ》

1896（明治《めいじ》29）年《ねん》8月《がつ》27日《にち》～1933（昭和《しょうわ》8）年《ねん》9月《がつ》21日《にち》／詩人《しじん》、童話作家《どうわさっか》

仏教《ぶっきょう》（法華経《ほけきょう》）信仰《しんこう》と農民生活《のうみんせいかつ》に根《ね》ざした創作《そうさく》を行《おこな》い、創作作品中《そうさくさくひんちゅう》に登場《とうじょう》する架空《かくう》の理想郷《りそうきょう》に、岩手県《いわてけん》をモチーフとしてイーハトーブと名《な》づけたことで知《し》られる。代表作《だいひょうさく》：『注文《ちゅうもん》の多《おお》い料理店《りょうりてん》』『雨《あめ》ニモマケズ』『銀河鉄道《ぎんがてつどう》の夜《よる》』『風《かぜ》の又三郎《またさぶろう》』など。

世界全体《せかいぜんたい》が幸福《こうふく》にならないかぎりは、個人《こじん》の幸福《こうふく》はあり得《え》ない。

一《ひと》つずつの小《ちい》さな現在《げんざい》が続《つづ》いているだけである。

84

武者小路実篤《むしゃこうじさねあつ》

1885（明治《めいじ》18）年《ねん》5月《がつ》12日《にち》〜1976（昭和《しょうわ》51）年《ねん》4月《がつ》9日《か》／小説家《しょうせつか》

志賀直哉《しがなおや》らと『白樺《しらかば》』を創刊《そうかん》。白樺派《しらかばは》の代表的作家《だいひょうてきさっか》として活躍《かつやく》。代表作《だいひょうさく》：『お目出《めで》たき人《ひと》』『幸福者《こうふくしゃ》』『友情《ゆうじょう》』『愛《あい》と死《し》』など。

この世《よ》にはいろいろな不幸《ふこう》がある。
しかしその不幸《ふこう》からよい状況《じょうきょう》を生《う》み出《だ》すものは
素晴《すば》らしい人《ひと》である。
与《あた》えられた運命《うんめい》を自分《じぶん》の努力《どりょく》で変《か》えるということは、
人間《にんげん》にとって大切《たいせつ》なことである。

笑《わら》われるのを恐《おそ》れるよりは
心《こころ》にないことを言《い》うのを恐《おそ》れなければいけない。

85

森《もり》鴎《おう》外《がい》

1862年《ねん》2月《がつ》17日《にち》（文久《ぶんきゅう》2年《ねん》1月《がつ》19日《にち》）～1922（大正《たいしょう》11）年《ねん》7月《がつ》9日《か》／小説家《しょうせつか》、陸軍軍医《りくぐんぐんい》

明治《めいじ》の文豪《ぶんごう》。旧東京大学医学部卒業後《きゅうとうきょうだいがくいがくぶそつぎょうご》、陸軍軍医《りくぐんぐんい》になり、陸軍省派遣留学生《りくぐんしょうはけんりゅうがくせい》としてドイツでも軍医《ぐんい》として4年《ねん》過《す》ごした。帰国後《きこくご》、『舞姫《まいひめ》』『即興詩人《そっきょうしじん》』などを発表《はっぴょう》。代表作《だいひょうさく》：『舞姫《まいひめ》』『ヰタ・セクスアリス』『雁《がん》』『阿部一族《あべいちぞく》』『山椒大夫《さんしょうだゆう》』『高瀬舟《たかせぶね》』など。

友《とも》の変《へん》じて敵《てき》となるものあり。

人《ひと》に言《い》うべきことは、最後《さいご》まできちんと言《い》うがよい。
全部《ぜんぶ》は言《い》いたくないことだったら、むしろ初《はじ》めから黙《だま》っていよ。

世界《せかい》の文豪《ぶんごう》の座右《ざゆう》の銘《めい》

86

アーネスト・ヘミングウェイ

１８９９年《ねん》７月《がつ》21日《にち》～１９６１年《ねん》７月《がつ》２日《か》／アメリカの小説家《しょうせつか》、詩人《しじん》

20世紀《せいき》のアメリカの文学界《ぶんがくかい》と人々《ひとびと》のライフスタイルに多大《ただい》な影響《えいきょう》を与《あた》えた作家《さっか》。行動派《こうどうは》の作家《さっか》でもあり、１９３０年代《ねんだい》にはスペイン人民戦線政府側《じんみんせんせんせいふがわ》として内戦《ないせん》にも積極的《せっきょくてき》に関《かか》わった。１９５４年《ねん》、『老人《ろうじん》と海《うみ》』が大《おお》きく評価《ひょうか》され、ノーベル文学賞《ぶんがくしょう》を受賞《じゅしょう》。

人間《にんげん》の人間《にんげん》たる価値《かち》は、
敗北《はいぼく》に直面《ちょくめん》していかにふるまうかにかかっている。
敗北《はいぼく》とは、決《けっ》して屈服《くっぷく》ではないのだ。

『誰《た》がために鐘《かね》は鳴《な》る』（新潮社《しんちょうしゃ》）

あちこち旅《たび》してまわっても、自分《じぶん》からは逃《に》げることはできない。

87

アガサ・クリスティー

1890年《ねん》9月《がつ》15日《にち》〜1976年《ねん》1月《がつ》12日《にち》／イギリスの推理作家《すいりさっか》

発表《はっぴょう》された推理小説《すいりしょうせつ》の多《おお》くは世界的《せかいてき》なベストセラーとなり「ミステリーの女王《じょおう》」と呼《よ》ばれる。代表作《だいひょうさく》：『アクロイド殺《ごろ》し』『オリエント急行《きゅうこう》の殺人《さつじん》』『そして誰《だれ》もいなくなった』など。

私《わたし》には三《みっ》つの宝物《たからもの》があります。これを守《まも》り、大事《だいじ》にしよう。
一《ひと》つ目《め》は、愛《あい》。
二《ふた》つ目《め》は、決《けっ》してやりすぎないこと。
三つ目《め》は、決《けっ》して世界一《せかいいち》になろうとしないこと。
人生《じんせい》は、決《けっ》して後戻《あともど》りできません。進《すす》めるのは前《まえ》だけです。
人生《じんせい》は、一方通行《いっぽうつうこう》なのですよ。

88

ウィリアム・シェークスピア

1564年《ねん》4月《がつ》26日《にち》（洗礼日《せんれいび》）〜1616年《ねん》5月《がつ》3日《か》／イギリスの劇作家《げきさくか》、詩人《しじん》

イギリス・ルネサンス演劇《えんげき》を代表《だいひょう》する人物《じんぶつ》。出生地《しゅっせいち》はストラトフォード・アポン・エイヴォン。１５８５年前後《ねんぜんご》にロンドンに進出《しんしゅつ》し、１５９２年《ねん》には新進《しんしん》の劇作家《げきさくか》として活躍《かつやく》した。四大悲劇《よんだいひげき》『ハムレット』『マクベス』『オセロ』『リア王《おう》』をはじめ、『ロミオとジュリエット』『ヴェニスの商人《しょうにん》』『夏《まつ》の夜《よる》の夢《ゆめ》』『ジュリアス・シーザー』など多《おお》くの傑作《けっさく》を残《のこ》した。

生《い》きるべきか死《し》すべきか。それが問題《もんだい》だ。

我々《われわれ》の人生《じんせい》はいろいろな糸《いと》で織《お》られている。そこには良《よ》い糸《いと》も悪《わる》い糸《いと》も混《ま》じっている。

『ハムレット』

ものの良《よ》し悪《あ》しは考《かんが》え方《かた》一《ひと》つで決《き》まる。

『ハムレット』

「今《いま》が最悪《さいあく》」と言《い》える間《あいだ》は、最悪《さいあく》ではない。

『リア王《おう》』

備《そな》えよ。たとえ今《いま》ではなくとも、チャンスはいつかやって来《く》る。

89

サミュエル・スマイルズ

1812年《ねん》12月《がつ》23日《にち》〜1904年《ねん》4月《がつ》16日《にち》／スコットランドの作家《さっか》、医師《いし》

1858年《ねん》に出版《しゅっぱん》した"Self-Help《セルフヘルプ》"は、日本《にほん》では一般《いっぱん》に『自助論《じじょろん》』として知《し》られ、序文《じょぶん》中《ちゅう》の格言《かくげん》「天《てん》は自《みずか》らを助《たす》くる者《もの》を助《たす》く」（Heaven《ヘブン》 helps《ヘルプス》 those《ゾーズ》 who《フー》 help《ヘルプ》 themselves《ゼムセルブズ》.）は有名《ゆうめい》。

本当《ほんとう》の勇気《ゆうき》と優《やさ》しさとは、ともに手《て》をたずさえている。

もし好機《こうき》が到来《とうらい》しなかったならば、
自《みずか》ら好機《こうき》を創《つく》りだせ。

『自助論《じじょろん》』（三笠書房《みかさしょぼう》）

90

ジョージ・ゴードン・バイロン

1788年《ねん》1月《がつ》22日《にち》~1824年《ねん》4月《がつ》19日《にち》/イギリスの詩人《しじん》

日本《にほん》で明治以来《めいじいらい》最《もっと》もよく知《し》られたイギリス詩人《しじん》の一人《ひとり》。代表作《だいひょうさく》:『ドン・ジュアン』『チャイルド・ハロルドの巡礼《じゅんれい》』

人《ひと》に与《あた》えた恩《おん》は忘《わす》れてしまえ。しかし、人《ひと》から受《う》けた恩《おん》は絶対《ぜったい》に忘《わす》れるな。

事実《じじつ》は小説《しょうせつ》よりも奇《き》なり。

91

ジョージ・バーナード・ショー

1856年《ねん》7月《がつ》26日《にち》〜1950年《ねん》11月《がつ》2日《か》／アイルランドの文学者《ぶんがくしゃ》、劇作家《げきさくか》、ジャーナリスト

ヴィクトリア朝時代《ちょうじだい》から近代《きんだい》にかけて、イギリスやアメリカなど英語圏《えいごけん》の国々《くにぐに》でさまざまな功績《こうせき》を残《のこ》した才人《さいじん》。１９２５年《ねん》にノーベル文学賞《ぶんがくしょう》を受賞《じゅしょう》。代表作《だいひょうさく》：『ピグマリオン』『聖女《せいじょ》ジョウン』『ウォレン夫人《ふじん》の職業《しょくぎょう》』『シーザーとクレオパトラ』など。

あまり必要《ひつよう》でもないことを多《おお》く学《まな》ぶよりも、
必要《ひつよう》なことを少《すこ》し考《かんが》える人生《じんせい》のほうが世《よ》の中《なか》のためになる。
いつも自分《じぶん》を磨《みが》いておけ。あなたは世界《せかい》を見《み》るための窓《まど》なのだから。

92

ジョナサン・スウィフト

1667年《ねん》11月《がつ》30日《にち》～1745年《ねん》10月《がつ》19日《にち》／イギリス系《けい》アイルランド人《じん》の諷刺作家《ふうしさっか》、随筆家《ずいひつか》、詩人《しじん》、司祭《しさい》

1976年《ねん》から発行《はっこう》されていたアイルランドの10ポンド紙幣《しへい》に肖像《しょうぞう》が使用《しよう》されていた。

代表作《だいひょうさく》：『ガリヴァー旅行記《りょこうき》』『穏健《おんけん》なる提案《ていあん》』『ステラへの消息《しょうそく》』『ドレイピア書簡《しょかん》』など。

約束《やくそく》とパイの外皮《がいひ》はたやすく破《やぶ》れるものである。

大事件《だいじけん》も、すべてその起《お》こりは大河《たいが》の源《みなもと》のごとく些細《ささい》なことに起因《きいん》する。

93

ハインリッヒ・シュリーマン

1822年《ねん》1月《がつ》6日《か》〜1890年《ねん》12月《がつ》26日《にち》／ドイツの考古学者《こうこがくしゃ》、実業家《じつぎょうか》

幼少期《ようしょうき》に聞《き》かされたギリシヤ神話《しんわ》に登場《とうじょう》する伝説《でんせつ》の都市《とし》トロイアが実在《じつざい》すると考《かんが》え、実際《じっさい》に発掘《はっくつ》によって実在《じつざい》していたことを証明《しょうめい》した。代表作《だいひょうさく》：『古代《こだい》への情熱《じょうねつ》　シュリーマン自伝《じでん》』など。

夢《ゆめ》を持《も》つと、苦難《くなん》を乗《の》り越《こ》える力《ちから》が湧《わ》いてくる。

目的《もくてき》の大《おお》きさに比例《ひれい》して努力《どりょく》・精進《しょうじん》しなければならないのは、人生《じんせい》の鉄則《てっそく》だ。

▶人《ひと》に何《なん》と言《い》われようと自分《じぶん》の信念《しんねん》と情熱《じょうねつ》により大発見《だいはっけん》をしたジュリーマンの言葉《ことば》は、すがすがしい。

94

魯迅《ろじん》

1881年《ねん》9月《がつ》25日《にち》〜1936年《ねん》10月《がつ》19日《にち》／中華民国《ちゅうかみんこく》の小説家《しょうせつか》、思想家《しそうか》

中国《ちゅうごく》で最《もっと》も早《はや》く西洋《せいよう》の技法《ぎほう》を用《もち》いて小説《しょうせつ》を書《か》いた作家《さっか》で、中国近代文学《ちゅうごくきんだいぶんがく》の祖《そ》。清朝末《しんちょうまつ》期《き》の1902年《ねん》、国費留学生《こくひりゅうがくせい》として日本《にほん》に留学《りゅうがく》。代表作《だいひょうさく》：『狂人日記《きょうじんにっき》』『阿Q正伝《あキューせいでん》』など。

もともと地上《ちじょう》に道《みち》はない。
歩《ある》く人《ひと》が多《おお》くなればそれが道《みち》となるのだ。
自由《じゆう》はもちろん金《かね》で買《か》えるものではない。
だが、金《かね》のために売《う》り払《はら》うことはできる。

95

ロマン・ロラン

1866年《ねん》1月《がつ》29日《にち》〜1944年《ねん》12月《がつ》30日《にち》／フランスの作家《さっか》

理想主義的《りそうしゅぎてき》ヒューマニズム、平和主義《へいわしゅぎ》、反《はん》ファシズムを掲《かか》げて戦争反対《せんそうはんたい》を世界《せかい》に叫《さけ》び続《つづ》けた。1915年《ねん》にノーベル文学賞《ぶんがくしょう》を受賞《じゅしょう》。代表作《だいひょうさく》:『ジャン・クリストフ』『ベートーヴェンの生涯《しょうがい》』など。

英雄《えいゆう》とは、自分《じぶん》のできることをした人《ひと》だ。
一方《いっぽう》凡人《ぼんじん》は、自分《じぶん》のできることをせず、
できもしないことをしようとする人《ひと》だ。

『魅《み》せられたる魂《たましい》』（岩波書店《いわなみしょてん》）

覚《おぼ》えておきたい武将《ぶしょう》の座右《ざゆう》の銘《めい》

96

上杉謙信《うえすぎけんしん》

1530年《ねん》2月《がつ》18日《にち》（享禄《きょうろく》3年1月《がつ》21日《にち》）〜1578年《ねん》4月《がつ》19日《にち》（天正《てんしょう》6年《ねん》3月《がつ》13日《にち》）／戦国時代《せんごくじだい》・安土桃山時代《あづちももやまじだい》の武将《ぶしょう》

戦国時代《せんごくじだい》の越後国《えちごのくに》（現在《げんざい》の新潟県上越市《にいがたけんじょうえつし》）の武将《ぶしょう》。特《とく》に5回《かい》に及《およ》んだとされる武田信玄《たけだしんげん》との川中島《かわなかじま》の戦《たたか》いは有名《ゆうめい》。

人《ひと》の落《お》ち目《め》を見《み》て攻《せ》め取《と》るは、本意《ほんい》ならぬことなり。

人《ひと》の上《うえ》に立《た》つ対象《たいしょう》となるべき人間《にんげん》の一言《ひとこと》は、深《ふか》き思慮《しりょ》をもってなすべきだ。軽率《けいそつ》なことは言《い》ってはならぬ。

97

上杉鷹山《うえすぎようざん》

1751年《ねん》9月《がつ》9日《か》（寛延《かんえん》4年《ねん》7月《がつ》20日《か》）〜1822年《ねん》4月《がつ》2日《か》（文政《ぶんせい》5年《ねん》3月《がつ》11日《にち》）／江戸《えど》時代中期《じだいちゅうき》の大名《だいみょう》

出羽国米沢藩《でわのくによねざわはん》9代藩主《だいはんしゅ》。倹約《けんやく》を奨励《しょうれい》し、農村復興《のうそんふっこう》・殖産興業政策《たくさんこうぎょうせいさく》などにより藩財政《はんざいせい》を改革《かいかく》し、米沢藩再生《よねざわはんさいせい》のきっかけを作《つく》った。江戸時代屈指《えどじだいくっし》の名君《めいくん》として知《し》られている。

なせば成《な》る　なさねば成《な》らぬ　何事《なにごと》も　成《な》らぬは人《ひと》のなさぬなりけり

父母《ふぼ》の恩《おん》は、山《やま》よりも高《たか》く、海《うみ》よりも深《ふか》い。この恩徳《おんとく》に報《むく》いることは到底《とうてい》できないが、せめてその万分《まんぶん》の一《いち》だけでもと、力《ちから》の限《かぎ》り努《つと》めることを孝行《こうこう》という。

98

織田信長《おだのぶなが》

1534年《ねん》6月《がつ》23日《にち》（天文《てんぶん》3年《ねん》5月《がつ》12日《にち》）～1582年《ねん》6月《がつ》21日《にち》（天正《てんしょう》10年《ねん》6月《がつ》2日《か》）／戦国時代《せんごくじだい》・安土桃山時代《あづちももやまじだい》の武将《ぶしょう》

三英傑《さんえいけつ》の一人《ひとり》。室町幕府《むろまちばくふ》第《だい》15代《だい》将軍《しょうぐん》足利義昭《あしかがよしあき》を擁《よう》して間接的《かんせつてき》に天下人《てんかびと》として統一事業《とういつじぎょう》を推進《すいしん》したが、1573（元亀《げんき》4）年《ねん》には将軍義昭《しょうぐんよしあき》を追放《ついほう》し、天下人《てんかびと》としての地位《ちい》を継承《けいしょう》し統一政策《とういつせいさく》を進《すす》めた。1582年《ねん》6月《がつ》21日《にち》（天正《てんしょう》10年《ねん》6月《がつ》2日《か》）、明智光秀《あけちみつひで》に謀反《むほん》を起《お》こされ、本能寺《ほんのうじ》で自害《じがい》（本能寺《ほんのうじ》の変《へん》）した。

鳴《な》かぬなら　殺《ころ》してしまえ　ほととぎす

必死《ひっし》に生《い》きてこそ、その生涯《しょうがい》は光《ひかり》を放《はな》つ。

生《う》まれながらに才能《さいのう》のある者《もの》は、
それを頼《たの》んで鍛錬《たんれん》を怠《おこた》る、自惚《うぬぼ》れる。
しかし、生《う》まれつきの才能《さいのう》がない者《もの》は、
何《なん》とか技術《ぎじゅつ》を身《み》につけようと日々《ひび》努力《どりょく》する。
心構《こころがま》えがまるで違《ちが》う。これが大事《だいじ》だ。

理想《りそう》を持《も》ち、信念《しんねん》に生《い》きよ。
理想《りそう》や信念《しんねん》を見失《みうしな》った者《もの》は、戦《たたか》う前《まえ》から負《ま》けているといえよう。
そのような者《もの》は廃人《はいじん》と同《おな》じだ。

99

黒田官兵衛《くろだかんべえ》（黒田如水《くろだじょすい》）

1547年《ねん》1月《がつ》1日《たち》（天文《てんぶん》15年《ねん》11月《がつ》29日《にち》）〜1604年《ねん》4月《がつ》19日《にち》（慶長《けいちょう》9年《ねん》3月《がつ》20日《か》）／戦国時代《せんごくじだい》から江戸時代《えどじだい》の武将《ぶしょう》

織田信長《おだのぶなが》、豊臣秀吉《とよとみひでよし》、徳川家康《とくがわいえやす》に重用《ちょうよう》され、筑前国福岡藩《ちくぜんのくにふくおかはん》52万石《まんごく》の礎《いしずえ》を築《きず》いた。「天才《てんさい》軍師《ぐんし》」と称《しょう》されている。

戦《たたか》いは考《かんが》えすぎては勝機《しょうき》を逸《いっ》する。たとえ草履《ぞうり》と下駄《げた》をちぐはぐに履《は》いてでもすぐに駆《か》け出《だ》すほどの決断《けつだん》。それが大切《たいせつ》だ。

その人《ひと》の本質《ほんしつ》はそのまま残《のこ》し変化《へんか》に対応《たいおう》するには、常《つね》に柔軟《じゅうなん》でなければいけない。

100

小早川隆景《こばやかわたかかげ》

1533（天文《てんぶん》2）年《ねん》～1597年《ねん》7月《がつ》26日《にち》（慶長《けいちょう》2年《ねん》6月《がつ》12日《にち》）／戦国時代《せんごくじだい》・安土桃山時代《あづちももやまじだい》の武将《ぶしょう》

毛利元就《もうりもとなり》の三男《さんなん》。1582（天正《てんしょう》10）年《ねん》、羽柴《はしば》（豊臣《とよとみ》）秀吉《ひでよし》の中国攻《ちゅうごくぜ》めで秀吉《ひでよし》と和議《わぎ》を結《むす》び、以後《いご》秀吉《ひでよし》の信任《しんにん》を得《え》、豊臣五大老《とよとみごたいろう》の一人《ひとり》となった。

すぐ、わかりましたという人間《にんげん》に、わかったためしはない。

我慢《がまん》するより、その原因《げんいん》を解決《かいけつ》せよ。

101

武田信玄《たけだしんげん》（武田晴信《たけだはるのぶ》）

1521年《ねん》12月《がつ》1日《たち》（大永元年《だいえいがんねん》11月《がつ》3日《か》）～1573年《ねん》5月《がつ》13日《にち》（元亀《げんき》4年《ねん》4月《がつ》12日《にち》）／戦国時代《せんごくじだい》の武将《ぶしょう》

21歳《さい》で甲斐守護職《かいのしゅごしょく》に任《にん》じられる。生涯《しょうがい》における合戦《かっせん》の数《かず》は130にも及《およ》ぶが、一度《いちど》も敵《てき》を領地《りょうち》に入《い》れなかった。上杉謙信《うえすぎけんしん》との川中島《かわなかじま》の戦《たたか》いは有名《ゆうめい》。軍政《ぐんせい》では騎馬軍団《きばぐんだん》、武田《たけだ》24将《しょう》に代表《だいひょう》される組織《そしき》を育成《いくせい》。内政《ないせい》では、釜無川《かまなしがわ》の氾濫《はんらん》をくいとめる治水工事《ちすいこうじ》などを完成《かんせい》させた。

信頼《しんらい》してこそ、人《ひと》は尽《つ》くしてくれるものだ。

自分《じぶん》のしたいことより、嫌《いや》なことを先《さき》にせよ。この心構《こころがま》えさえあれば、道《みち》の途中《とちゅう》で挫折《ざせつ》したり、身《み》を滅《ほろ》ぼしたりするようなことはないはずだ。

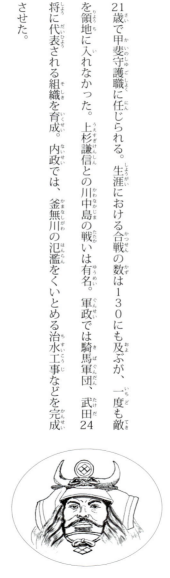

102

伊《だ》達《て》政《まさ》宗《むね》

1567年《ねん》9月《がつ》5日《か》（永禄《えいろく》10年《ねん》8月《がつ》3日《か》）～1636年《ねん》6月《がつ》27日《にち》（寛永《かんえい》13年《ねん》5月《がつ》24日《ひ》）／戦国時代《せんごくじだい》から江戸時代《えどじだい》の武将《ぶしょう》

独眼竜《どくがんりゅう》として知《し》られる東北最大《とうほくさいだい》の武将《ぶしょう》。伊達家《だてけ》17代当主《だいとうしゅ》。陸奥仙台藩《むつせんだいはん》の初代藩主《しょだいはんしゅ》。わずか24歳《さい》という若《わか》さで奥州《おうしゅう》をほぼ手中《しゅちゅう》に収《おさ》めることに成功《せいこう》した。

大事《だいじ》の義《ぎ》は、人《ひと》に談合《だんごう》せず、一心《いっしん》に究《きわ》めたるがよし。

物事《ものごと》、小事《しょうじ》より大事《だいじ》は発《はつ》するものなり。油断《ゆだん》すべからず。

103

徳《とく》川《がわ》家《いえ》康《やす》

1543年《ねん》1月《がつ》31日《にち》（天文《てんぶん》11年《ねん》12月《がつ》26日《にち》）～1616年《ねん》6月《がつ》1日《たち》（元和《げんわ》2年《ねん》4月《がつ》17日《にち》）／戦国時代《せんごくじだい》から江戸時代《えどじだい》の武将《ぶしょう》

江戸《えど》幕府《ばくふ》初代将軍《しょだいしょうぐん》。三英傑《さんえいけつ》の一人《ひとり》。「海道一《かいどういち》の弓取《ゆみと》り」の異名《いみょう》を持《も》つ。１６００（慶長《けいちょう》5）年《ねん》、関ヶ原《せきがはら》の戦《たたか》いにおいて西軍《せいぐん》に勝利《しょうり》。１６０３（慶長《けいちょう》8）年《ねん》、征夷大将軍《せいいたいしょうぐん》に任命《にんめい》され江戸《えど》に幕府《ばくふ》を開《ひら》く。１６１５（慶長《けいちょう》20）年《ねん》、豊臣氏《とよとみし》を滅亡《めつぼう》させ日本全国《にほんぜんこく》を支配《しはい》する体制《たいせい》を確立《かくりつ》。15世紀後半《せいきこうはん》に起《お》こった応仁《おうにん》の乱《らん》から１００年以上続《ねんいじょうつづ》いた戦乱《せんらん》の時代《じだい》が終《お》わる。死後《しご》は日光東照宮《にっこうとうしょうぐう》に祀《まつ》られ薬師如来《やくしにょらい》を本地《ほんち》とする東照大権現《とうしょうだいごんげん》として神格化《しんかくか》される。

鳴《な》かぬなら　鳴《な》くまで待《ま》とう　ほととぎす

決断《けつだん》は実《じつ》のところそんなに難《むずか》しいことではない。

難《むずか》しいのはその前《まえ》の熟慮《じゅくりょ》である。

人《ひと》の一生《いっしょう》には良《よ》いことも悪《わる》いこともある。

幸福《こうふく》な人生《じんせい》とは忍耐《にんたい》が作《つく》るもの。

怒《いか》りは人生《じんせい》を狂《くる》わせる敵《てき》である。

人《ひと》の一生《いっしょう》は重荷《おもに》を負《お》うて遠《とお》き道《みち》を往《ゆ》くがごとし、急《いそ》ぐべからず。

不自由《ふじゆう》を常《つね》と思《おも》えば不足《ふそく》なし。

▶8～19歳《さい》まで人質《ひとじち》として過《す》ごした徳川家康《とくがわいえやす》。天下《てんか》を取《と》るためにも焦《あせ》らずじっくり時《とき》を待《ま》った姿勢《しせい》は、言葉《ことば》にも表《あらわ》れている。

104

豊臣秀吉《とよとみひでよし》

1537年《ねん》3月《がつ》17日《にち》（天文《てんぶん》6年《ねん》2月《がつ》6日《か》）／1598年《ねん》9月《がつ》18日《にち》（慶長《けいちょう》3年《ねん》8月《がつ》18日《にち》）戦国時代《せんごくじだい》・安土桃山時代《あづちももやまじだい》の武将《ぶしょう》

三英傑《さんえいけつ》の一人《ひとり》。織田信長《おだのぶなが》に仕《つか》え、次第《しだい》に頭角《とうかく》を現《あらわ》す。信長《のぶなが》が「本能寺《ほんのうじ》の変《へん》」で明智光秀《あけちみつひで》に討《う》たれると「中国大返《ちゅうごくおおかえ》し」により山崎《やまざき》の戦《たたか》いで光秀《みつひで》を破《やぶ》り、信長《のぶなが》の後継《こうけい》の地位《ちい》を得《え》た。大坂城《おおさかじょう》を築《きづ》き、関白《かんぱく》・太政大臣《だじょうだいじん》に就任《しゅうにん》し、豊臣姓《とよとみせい》を賜《たまわ》り、日本全国《にほんぜんこく》の大名《だいみょう》を臣従《しんじゅう》させて天下統一《てんかとういつ》を果《は》たした。天下統一《てんかとういつ》後《ご》は太閤検地《たいこうけんち》や刀狩令《かたながりれい》、惣無事令《そうぶじれい》、石高制《こくだかせい》など多《おお》くの政策《せいさく》で国内《こくない》の統合《とうごう》を進《すす》めた。

鳴《な》かぬなら　鳴《な》かせてみせよう　ほととぎす

人《ひと》とも争《あら》うべからず、人《ひと》に心《こころ》を許《ゆる》すべからず。

負《ま》けると思《おも》えば負《ま》ける、勝《か》つと思《おも》えば勝《か》つ。
逆《ぎゃく》になろうと、人《ひと》には勝《か》つと言《い》い聞《き》かすべし。

戦《いくさ》は六《ろく》、七分《ななぶ》の勝《か》ちを十分《じゅうぶん》とする。

105

源義経《みなもとのよしつね》

1159（平治元《へいじがん》）年《ねん》～1189年《ねん》6月《がつ》15日《にち》（文治《ぶんじ》5年閏《ねんうるう》4月《がつ》30日《にち》）／平安時代《へいあんじだい》の武将《ぶしょう》

鎌倉幕府《かまくらばくふ》を開《ひら》いた源頼朝《みなもとのよりとも》の異母弟《いぼてい》。幼名《ようめい》は牛若丸《うしわかまる》。平氏《へいし》を滅《ほろ》ぼした最大《さいだい》の功労者《こうろうしゃ》。兄《あに》・頼朝《よりとも》と対立《たいりつ》し、最後《さいご》は奥州《おうしゅう》で滅《ほろ》ぼされたその生涯《しょうがい》から、悲劇《ひげき》のヒーローとして伝説《でんせつ》も多《おお》く残《のこ》っている。

勝《か》つということは味方《みかた》に勝《か》つことである。
味方《みかた》に勝《か》つということは我《われ》に勝《か》つことだ。
我《われ》に勝《か》つというのは、気《き》をもって体《からだ》に勝《か》つことである。
人《ひと》よりも百倍臆病《ひゃくばいおくびょう》であるとすれば、
百倍勇気《ひゃくばいゆうき》をふるい立《た》たせればいいではないか。

106

宮本武蔵《みやもとむさし》

1584（天正《てんしょう》12）年頃《ねんごろ》～1645年《ねん》6月《がつ》13日《にち》（正保《しょうほう》2年《ねん》5月《がつ》19日《にち》）／江戸時代《えどじだい》の剣術家《けんじゅつか》、兵法家《へいほうか》

二刀《にとう》を用《もち》いる二天一流兵法《にてんいちりゅうへいほう》の開祖《かいそ》。京都《きょうと》の兵法家《へいほうか》・吉岡一門《よしおかいちもん》との戦《たたか》いや佐々木小次郎《ささきこじろう》との巌流島《がんりゅうじま》での決闘《けっとう》は有名《ゆうめい》。著書《ちょしょ》『五輪書《ごりんしょ》』は外国語《がいこくご》にも翻訳出版《ほんやくしゅっぱん》されている。

あれになろう、これになろうと焦《あせ》るより、
富士《ふじ》のように黙《だま》って、自分《じぶん》を動《うご》かないものに作《つく》りあげろ。
世間《せけん》に媚《こ》びずに世間《せけん》から仰《あお》がれるようになれば、
自然《しぜん》と自分《じぶん》の値打《ねう》ちは世《よ》の人《ひと》がきめてくれる。

自分《じぶん》が決《き》めたことは後悔《こうかい》しない。

『宮本武蔵《みやもとむさし》』（講談社《こうだんしゃ》）

107

毛《もう》利《り》元《もと》就《なり》

1497年《ねん》4月《がつ》16日《にち》（明応《めいおう》6年《ねん》3月《がつ》14日《か》）〜1571年《ねん》7月《がつ》6日《か》（元亀《げんき》2年《ねん》6月《がつ》14日《か》）／室町《むろまち》時代《じだい》後期《こうき》から戦国《せんごく》時代《じだい》の武将《ぶしょう》

さまざまな権謀術数《けんぼうじゅつすう》を駆使《くし》して中国地方《ちゅうごくちほう》のほぼ全域《ぜんいき》に勢力《せいりょく》を拡大《かくだい》し、一代《いちだい》で大国《たいこく》を築《きず》き上《あ》げた。

この矢《や》一本《いっぽん》なれば、最《もっと》も折《お》りやすし。
しかれども一《ひと》つに束《たば》ぬれば、折《お》り難《がた》し。
汝《なんじ》ら、これに鑑《かんが》みて、一和同心《いちわどうしん》すべし。
必《かなら》ずそむくなかれ。

幕末《ばくまつ》・明治維新《めいじいしん》に活躍《かつやく》した人《ひと》の座右《ざゆう》の銘《めい》

108

ウィリアム・スミス・クラーク（クラーク博士《はかせ》）

1826年《ねん》7月《がつ》31日《にち》〜1886年《ねん》3月《がつ》9日《か》／アメリカの教育者《きょういくしゃ》

日本政府《にほんせいふ》の要請《ようせい》により、マサチューセッツ農科大学《のうかだいがく》から1876（明治《めいじ》9）年《ねん》、札幌農《さっぽろのう》学校《がっこう》（現北海道大学《げんほっかいどうだいがく》）の初代教頭《しょだいきょうとう》として赴任《ふにん》。1877（明治《めいじ》10）年《ねん》5月《がつ》に離日《りにち》までの8カ月間《げつかん》、札幌農学校《さっぽろのうがっこう》で専門《せんもん》の植物学《しょくぶつがく》だけでなく、自然科学一般《しぜんかがくいっぱん》を英語《えいご》で教《おし》えた。

青年《せいねん》よ、大志《たいし》を抱《いだ》け！
それは金銭《きんせん》に対《たい》してでも、自己《じこ》の利益《りえき》に対《たい》してでもなく、
また世《よ》の人間《にんげん》が名声《めいせい》と呼《よ》ぶあのむなしいものに対《たい》してでもない。
人間《にんげん》が人間《にんげん》として備《そな》えていなければならぬ、
あらゆることを成《な》し遂《と》げるために大志《たいし》を抱《いだ》け。

▶前途有望《ぜんとゆうぼう》の若者《わかもの》たちを激励《げきれい》したこの言葉《ことば》は、今《いま》も多《おお》くの人《ひと》の心《こころ》に響《ひび》いている。

109

大隈重信《おおくましげのぶ》

1838年《ねん》3月《がつ》11日《にち》（天保《てんぽう》9年《ねん》2月《がつ》16日《にち》）～1922（大正《たいしょう》11）年《ねん》1月《がつ》10日《か》／明治《めいじ》の元勲《げんくん》、政治家《せいじか》、教育者《きょういくしゃ》

佐賀藩士《さがはんし》。第《だい》8代《だい》・第《だい》17代内閣総理大臣《だいないかくそうりだいじん》。1882（明治《めいじ》15）年《ねん》、「学問《がくもん》の独立《どくりつ》」「学問《がくもん》の活用《かつよう》」「模範国民《もはんこくみん》の造就《ぞうしゅう》」を謳《うた》って東京専門学校《とうきょうせんもんがっこう》（現早稲田大学《げんわせだだいがく》）を創設《そうせつ》し初代総長《しょだいそうちょう》となる。

学問《がくもん》は脳《のう》、仕事《しごと》は腕《うで》、身《からだ》を動《うご》かすは足《あし》である。しかし、卑《いや》しくも大成《たいせい》を期《き》せんには、先《ま》ずこれらすべてを統《す》ぶる意《い》志《し》の大《おお》いなる力《ちから》がいる、これは勇気《ゆうき》である。怒《おお》るな。愚痴《ぐち》をこぼすな。過去《かこ》を顧《かえり》みるな。望《のぞみ》を将来《しょうらい》に置《お》け。人《ひと》のために善《ぜん》をなせ。

110

勝海舟《かつかいしゅう》（勝安芳《かつやすよし》）

1823年《ねん》3月《がつ》12日《にち》（文政《ぶんせい》6年《ねん》1月《がつ》30日《にち》）～1899（明治《めいじ》32）年《ねん》1月《がつ》19日《にち》／江戸時代《えどじだい》から明治時代《めいじじだい》の幕臣《ばくしん》、明治《めいじ》の元勲《げんくん》

山岡鉄舟《やまおかてっしゅう》、高橋泥舟《たかはしでいしゅう》とともに「幕末《ばくまつ》の三舟《さんしゅう》」と呼《よ》ばれる。明治維新後《めいじいしんご》、新政府《しんせいふ》の海軍大《かいぐんたい》輔《ふ》・参議《さんぎ》兼海軍卿《けんかいぐんきょう》・枢密顧問官《すうみつこもんかん》となる。

事《こと》を成《な》し遂《と》げる者《もの》は愚直《ぐちょく》でなければならぬ。才走《さいはし》ってはうまくいかない。

やるだけのことはやって、後《あと》のことは心《こころ》の中《なか》で、そっと心配《しんぱい》しておればよいではないか。どうせなるようにしかならないよ。

111

木戸孝允《きどたかよし》（桂小五郎《かつらこごろう》）

1833年《ねん》8月《がつ》11日《にち》（天保《てんぽう》4年《ねん》6月《がつ》26日《にち》）〜1877（明治《めいじ》10）年《ねん》5月《がつ》26日《にち》／長州藩士《ちょうしゅうはんし》、明治《めいじ》の元勲《げんくん》

維新《いしん》の三傑《さんけつ》の一人《ひとり》。吉田松陰《よしだしょういん》の教《おし》えを受《う》け、藩内《はんない》の尊王攘夷派《そんのうじょういは》の中心人物《ちゅうしんじんぶつ》となる。明治維新後《めいじいしんご》、新政府《しんせいふ》の総裁局顧問専任《そうさいきょくこもんせんにん》として迎《むか》えられ、「政体書《せいたいしょ》」による「官吏公選《かんりこうせん》」などの諸施策《しょしさく》を建言《けんげん》した。文明開化《ぶんめいかいか》を推進《すいしん》する一方《いっぽう》で、版籍奉還《はんせきほうかん》・廃藩置県《はいはんちけん》など封建的諸《ほうけんてきしょ》制度《せいど》の解体《かいたい》に努《つと》め、薩長土肥《さっちょうどひ》四巨頭《よんきょとう》による参議内閣制《さんぎないかくせい》を整《ととの》えた。

己《おのれ》の生《い》き方《かた》に関《かか》わるような大問題《だいもんだい》を他人《たにん》に聞《き》くな。

事《こと》をなすのは、その人間《にんげん》の弁舌《べんぜつ》や才智《さいち》ではない。
人間《にんげん》の魅力《みりょく》なのだ。

112

近藤勇《こんどういさみ》

1834年《ねん》11月《がつ》9日《か》（天保《てんぽう》5年《ねん》10月《がつ》9日《か》）〜1868年《ねん》5月《がつ》17日《にち》（慶応《けいおう》4年《ねん》4月《がつ》25日《にち》）／江戸時代末期《えどじだいまっき》の武士《ぶし》

幕末《ばくまつ》の京都《きょうと》で反幕府勢力《はんばくふせいりょく》を取《と》り締《し》まる武装組織《ぶそうそしき》である新選組《しんせんぐみ》の局長《きょくちょう》。

生《い》きようという念《ねん》が一分《いちぶ》であっては、どうにもなりませんな。
不思議《ふしぎ》なもので、死《し》ぬ気《き》になると、周《まわ》りの景色《けしき》、
つまり敵《てき》の群《む》れのことですが、その虚《きょ》が見《み》えてきます。
その虚《きょ》へ突《つ》っ込《こ》むのです。
なんのかんの言《い》っても、その一言《ひとこと》ですな。

井《い》の中《なか》の蛙《かわず》大海《たいかい》を知《し》らず。されど空《そら》の青《あお》さを知《し》る。

113

西郷隆盛《さいごうたかもり》

1828年《ねん》1月《がつ》23日《にち》（文政《ぶんせい》10年《ねん》12月《がつ》7日《か》）〜1877（明治《めいじ》10）年《ねん》9月《がつ》24日《か》／薩摩藩士《さつまはんし》、明治《めいじ》の元勲《げんくん》

維新《いしん》の三傑《さんけつ》の一人《ひとり》。薩長同盟《さっちょうどうめい》の成立《せいりつ》や王政復古《おうせいふっこ》に成功《せいこう》。戊辰戦争《ぼしんせんそう》で江戸《えど》総攻撃《そうこうげき》を前《まえ》に勝海舟《かつかいしゅう》らとの幕府《ばくふ》の降伏交渉《こうふくこうしょう》に当《あ》たり、総攻撃《そうこうげき》を中止《ちゅうし》した（江戸無血開城《えどむけつかいじょう》）。1877（明治《めいじ》10）年《ねん》の西南戦争《せいなんせんそう》で敗《やぶ》れて自刃《じじん》した。

功《こう》のあった人《ひと》には禄《ろく》を与《あた》えて、能力《のうりょく》のある人《ひと》には位《くらい》を与《あた》えよ。

己《おのれ》を尽《つ》くして人《ひと》を咎《とが》めず。
我《わ》が誠《まこと》の足《た》らざるを常《つね》にたずぬるべし。
我《われ》を愛《あい》する心《こころ》をもって人《ひと》を愛《あい》せ。
自己《じこ》を許《ゆる》すがごとく人《ひと》を許《ゆる》せ。
人《ひと》を責《せ》めるがごとく自己《じこ》を責《せ》めよ。

114

坂本龍馬《さかもとりょうま》

1836年《ねん》1月《がつ》3日《か》（天保《てんぽう》6年《ねん》11月《がつ》15日《にち》）～1867年《ねん》12月《がつ》10日《か》（慶応《けいおう》3年《ねん》11月《がつ》15日《にち》）／幕末《ばくまつ》の志士《しし》、土佐藩郷士《とさはんごうし》

土佐藩《とさはん》を脱藩後《だっぱんご》、志士《しし》として活躍《かつやく》。貿易会社《ぼうえきがいしゃ》と政治組織《せいじそしき》を兼《か》ねた亀山社中《かめやましゃちゅう》（後《のち》の海援隊《かいえんたい》）を結成《けっせい》。薩長同盟《さっちょうどうめい》の斡旋《あっせん》、大政奉還《たいせいほうかん》の成立《せいりつ》に尽力《じんりょく》するなど倒幕《とうばく》および明治維新《めいじいしん》に大《おお》きな影響《えいきょう》を与《あた》える重要《じゅうよう》な働《はたら》きをした。大政奉還成立《たいせいほうかんせいりつ》の1カ月後《げつご》に近江屋事件《おうみやじけん》で暗殺《あんさつ》された。

人《ひと》の世《よ》に道《みち》は一《ひと》つということはない。
道《みち》は百《ひゃく》も千《せん》も万《まん》もある。

世《よ》の中《なか》は　我《われ》を何《なん》とも　言《い》わば言《い》え　我《わ》が成《な》すことは我《われ》のみぞ知《し》る。

▶自分《じぶん》のやりたいことは自分《じぶん》が一番《いちばん》よく知《し》っている。一直線《いっちょくせん》に目的《もくてき》に向《む》かって突《つ》き進《すす》んだ強《つよ》い意志《いし》が、言葉《ことば》にも表《あらわ》れている。

115

渋沢栄一《しぶさわえいいち》

1840年《ねん》3月《がつ》16日《にち》（天保《てんぽう》11年《ねん》2月《がつ》13日《にち》）～1931（昭和《しょうわ》6）年《ねん》11月《がつ》11日《にち》／実業家《じつぎょうか》、幕臣《ばくしん》

「日本資本主義《にほんしほんしゅぎ》の父《ちち》」。「道徳経済合一説《どうとくけいざいごういつせつ》」を説《と》き続《つづ》け、第一国立銀行《だいいちこくりつぎんこう》や東京証券取引所《とうきょうしょうけんとりひきじょ》ほか、生涯《しょうがい》に約《やく》500もの企業《きぎょう》の設立《せつりつ》・経営《けいえい》に関《かか》わった。

夢七訓《ゆめななくん》

夢《ゆめ》なき者《もの》は理想《りそう》なし。
理想《りそう》なき者《もの》は信念《しんねん》なし。
信念《しんねん》なき者《もの》は計画《けいかく》なし。
計画《けいかく》なき者《もの》は実行《じっこう》なし。
実行《じっこう》なき者《もの》は成果《せいか》なし。
成果《せいか》なき者《もの》は幸福《こうふく》なし。
故《ゆえ》に幸福《こうふく》を求《もと》める者《もの》は夢《ゆめ》なかるべからず。

116

ジョン万次郎《まんじろう》

1827年《ねん》1月《がつ》27日《にち》（文政《ぶんせい》10年《ねん》1月《がつ》1日《たち》）～1898（明治《めいじ》31）年《ねん》11月《がつ》12日《にち》／幕末《ばくまつ》から明治時代《めいじじだい》の人物《じんぶつ》

本名《ほんみょう》は中濱《なかはま》 萬次郎《まんじろう》。ジョン・マンとも呼ばれた。日米和親条約《にちべいわしんじょうやく》の締結《ていけつ》に尽力《じんりょく》し、その後《ご》、通訳《つうやく》・教師《きょうし》などとして活躍《かつやく》。

私《わたし》は日本《にほん》とアメリカの良《よ》さを両方知《りょうほうし》っている。
異国《いこく》の文化《ぶんか》のよいところを取《と》り入《い》れることは、
日本《にほん》の発展《はってん》につながる。

人間《にんげん》は、すべての能力《のうりょく》によって用《もち》いられるべきだ。

117

高杉晋作《たかすぎしんさく》

1839年《ねん》9月《がつ》27日《にち》（天保《てんぽう》10年《ねん》8月《がつ》20日《か》）〜1867年《ねん》5月《がつ》17日《にち》（慶応《けいおう》3年《ねん》4月《がつ》14日《か》）／長州藩士《ちょうしゅうはんし》、幕末《ばくまつ》の志士《しし》

藩士《はんし》と藩士《はんし》以外《いがい》の武士《ぶし》・庶民《しょみん》からなる混成部隊《こんせいぶたい》である奇兵隊《きへいたい》など諸隊《しょたい》を創設《そうせつ》し、長州《ちょうしゅう》藩《はん》を倒幕《とうばく》に方向《ほうこう》づけた。

人間《にんげん》というのは、困難《こんなん》はともにできる。しかし富貴《ふうき》はともにできない。
苦《くる》しいという言葉《ことば》だけはどんなことがあっても言《い》わないでおこうじゃないか。

▶激動《げきどう》の幕末《ばくまつ》を駆《か》け抜《ぬ》け、27歳《さい》という若《わか》さで結核《けっかく》で亡《な》くなった高杉晋作《たかすぎしんさく》。短《みじか》い人生《じんせい》だったが多《おお》くの人《ひと》に影響《えいきょう》を与《あた》えた。

118

福沢諭吉《ふくざわゆきち》

1835年《ねん》1月《がつ》10日《か》（天保《てんぽう》5年《ねん》12月《がつ》12日《にち》）～1901（明治《めいじ》34）年《ねん》2月《がつ》3日《か》／中津藩士《なかつはんし》、蘭学者《らんがくしゃ》、教育者《きょういくしゃ》

慶應義塾《けいおうぎじゅく》の創設者《そうせつしゃ》。新聞《しんぶん》『時事新報《じじしんぽう》』の創刊者《そうかんしゃ》。1907（明治《めいじ》40）年《ねん》に「近世《きんせい》の教育《きょういく》に功績《こうせき》ある故教育家《こきょういくか》の代表者《だいひょうしゃ》」として顕彰《けんしょう》された6人《にん》の教育家《きょういくか》の一人《ひとり》。大坂《おおさか》で蘭学《らんがく》を緒方洪庵《おがたこうあん》に学《まな》び、江戸《えど》に蘭学塾《らんがくじゅく》（後《のち》の慶應義塾《けいおうぎじゅく》）を開設《かいせつ》、独学《どくがく》で英語《えいご》も習得《しゅうとく》。三度幕府遣外使節《さんどばくふけんがいしせつ》に随行《ずいこう》して欧米《おうべい》を視察《しさつ》。代表作《だいひょうさく》：『西洋事情《せいようじじょう》』『学問《がくもん》のすゝめ』『文明論之概略《ぶんめいろんのがいりゃく》』『福翁自伝《ふくおうじでん》』など。

自由《じゆう》と我《わ》が儘《まま》との境《さかい》は、他人《たにん》の妨《さまた》げをなすとなさざるとの間《あいだ》にあり。

独立《どくりつ》の気力《きりょく》なき者《もの》は必《かなら》ず人《ひと》に依頼《いらい》す、人《ひと》に依頼《いらい》するものは必《かなら》ず人《ひと》を恐《おそ》るる、人《ひと》を恐《おそ》るる者《もの》は必《かなら》ず人《ひと》にへつらうものなり。

119

吉田松陰《よしだしょういん》

1830年《ねん》9月《がつ》20日《か》（文政《ぶんせい》13年《ねん》8月《がつ》4日《か》）～1859年《ねん》11月《がつ》21日《にち》（安政《あんせい》6年《ねん》10月《がつ》27日《にち》）／長州藩士《ちょうしゅうはんし》、思想家《しそうか》

明治維新《めいじいしん》の精神的指導者《せいしんてきしどうしゃ》、理論者《りろんしゃ》、倒幕論者《とうばくろんしゃ》として知《し》られる。私塾《しじゅく》「松下村塾《しょうかそんじゅく》」で、後《のち》の明治維新《めいじいしん》で重要《じゅうよう》な働《はたら》きをする多《おお》くの若者《わかもの》に思想的影響《しそうてきえいきょう》を与《あた》えた。

あなたは学者《がくしゃ》ではないのだから、学《まな》ぶだけではだめです。
学《まな》んだことは世《よ》の中《なか》の役《やく》に立《た》てなさい。
学《まな》んだ後《あと》にどんな行動《こうどう》をとるか。それが重要《じゅうよう》です。

一《いっ》カ月《げつ》でできなければ、二《に》カ月《げつ》かけてやればよい。
二《に》カ月《げつ》でできなければ、百日《ひゃくにち》かけてやればよい。

「松下村塾《しょうかそんじゅく》の塾生《じゅくせい》におくった言葉《ことば》」

覚《おぼ》えておきたい座《ざ》右《ゆう》の銘《めい》になる　ことわざ・慣用句《かんようく》

明日《あした》のことを言《い》えば鬼《おに》が笑《わら》う

Fools set far trysts.

将来《しょうらい》のことなど予測《よそく》できるわけがないのだから、あれこれ言《い》ってみても始《はじ》まらないということ。

頭《あたま》隠《かく》して尻《しり》隠《かく》さず

Ostrich policy.

悪事《あくじ》や欠点《けってん》などを全部《ぜんぶ》隠《かく》したつもりでいても、実《じつ》は一部分《いちぶぶん》を隠《かく》しただけで、大部分《だいぶぶん》は丸見《まるみ》えになっていること。

案《あん》ずるより産《う》むがやすし

An attempt is sometimes easier than expected.

始《はじ》める前《まえ》はいろいろと心配《しんぱい》するが、物事《ものごと》はやってみると、心配《しんぱい》していたよりもたやすくいくものだということ。

生《い》き馬《うま》の目《め》を抜《ぬ》く

Water sleeps, the enemy wakes.

すばしっこく人《ひと》を出《だ》し抜《ぬ》き、ずるがしこくて抜《ぬ》け目《め》がなく、油断《ゆだん》もならないこと。

石《いし》の上《うえ》にも三年《さんねん》

Perseverance kills the game.

どんなにつらいことでも、我慢強《がまんづよ》く辛抱《しんぼう》してやれば、必《かなら》ず成《な》し遂《と》げられるということ。

石橋《いしばし》を叩《たた》いて渡《わた》る

Hear twice before you speak once.

用心《ようじん》に用心《ようじん》を重《かさ》ねて慎重《しんちょう》にやること。

急《いそ》がば廻《まわ》れ

Make haste slowly.

急《きゅう》を必要《ひつよう》とすることは、一見時間《いっけんじかん》がかかるように見《み》えても、安全《あんぜん》で確実《かくじつ》なやり方《かた》を選択《せんたく》するほうが、結局《けっきょく》は早《はや》く目的《もくてき》に到達《とうたつ》できるということ。

一芸《いちげい》は道《みち》に通《つう》ずる

He can say nothing than can nnot speak well of his own trade.

一《ひと》つの芸《げい》を極《きわ》めた人《ひと》は、他《ほか》のどんな分野《ぶんや》でも人《ひと》に抜《ぬ》きんでることができるということ。

犬《いぬ》も歩《ある》けば棒《ぼう》に当《あ》たる

The dog that trots about finds a bone.

何《なに》もせずにじっとしているより、何《なん》でもいいからやってみれば、予期《よき》せぬ幸運《こううん》にめぐり合《あ》うかもしれないということ。

氏《うじ》より育《そだ》ち

Nurture is above nature.

人間《にんげん》は家柄《いえがら》の善《よ》し悪《あ》しよりも、その人《ひと》の育《そだ》った環境《かんきょう》や教育《きょういく》の善《よ》し悪《あ》しのほうが重要《じゅうよう》であるということ。

飼《か》い犬《いぬ》に手《て》をかまれる

A man may cause his own dog to bite him.

日頃《ひごろ》から世話《せわ》をしたり、信用《しんよう》したりしていた人《ひと》に裏切《うらぎ》られたり、害《がい》を加《くわ》えられたりすること。

顔《かお》に泥《どろ》を塗《ぬ》る

Don't stain your father's reputation.

名誉《めいよ》を傷《きず》つけたり、恥《はじ》をかかせたりすること。

壁《かべ》に耳《みみ》あり、障子《しょうじ》に目《め》あり

Walls have ears.

秘密《ひみつ》はとかく漏《も》れやすいものだから、注意《ちゅうい》せよという戒《いまし》め。

借《か》りてきた猫《ねこ》

He is as meek as a kitten.

いつもと違《ちが》っておとなしく、小《ちい》さくなっている態度《たいど》のこと。

聞《き》くは一時《いっとき》の恥《はじ》、聞《き》かぬは一生《いっしょう》の恥《はじ》

Asking makes one appear foolish, but not asking makes one foolish indeed.

知《し》らないことは恥《は》ずかしがらずに、積極的《せっきょくてき》に質問《しつもん》したほうが自分《じぶん》のためになるということ。

今日《きょう》の一針《ひとはり》、明日《あす》の十針《じゅうはり》

A stitch in time saves nine.

すぐにしなければならないことを先延《さきの》ばしすると、あとあと余計《よけい》に時間《じかん》がかかったりして苦労《くろう》が増《ふ》えるということ。処置《しょち》が遅《おく》れるほど負担《ふたん》がかさむことのたとえ。

口《くち》は禍《わざわい》のもと

Out of the mouth comes evil.

話《はなし》をするときは、言葉《ことば》に注意《ちゅうい》をして、うっかり言《い》った言葉《ことば》が災《わざわ》いを招《まね》くことがないようにせよということ。

君子《くんし》危《あや》うきに近寄《ちかよ》らず

It is best to be on the safe side.

徳《とく》のある人《ひと》は思慮《しりょ》があり、自分《じぶん》を大切《たいせつ》にするから、危険《きけん》なことには決《けっ》して近《ちか》づかないということ。

群羊《ぐんよう》を駆《か》りて猛虎《もうこ》を攻《せ》む

多《おお》くの弱小国《じゃくしょうこく》を集《あつ》めて連合《れんごう》し，強国《きょうこく》に対抗《たいこう》するたとえ。

後悔先《こうかいさき》に立《た》たず

Repentance comes too late.

事《こと》が終《お》わったあとでいくら悔《く》やんでみても、もうどうにもならないから、後悔《こうかい》しないように事前《じぜん》に十分考《じゅうぶんかんが》えろということ。

猿《さる》も木《き》から落《お》ちる

A horse may stumble through he has four legs.

その道《みち》の達人《たつじん》でも、ときには失敗《しっぱい》することもあるということ。

三人寄《さんにんよ》れば文殊《もんじゅ》の知恵《ちえ》

Two heads are better than one.

たとえ凡人《ぼんじん》でも、三人集《さんにんあつ》まって考《かん》えれば、知恵《ちえ》をつかさどる文殊菩薩《もんじゅぼさつ》の知恵《ちえ》のような、いい知恵《ちえ》が出《で》るということ。

鹿《しか》を追《お》う者《もの》は山《やま》を見《み》ず

Zeal is a bad servant.

目《め》の前《まえ》の利益《りえき》を得《え》ることに夢中《むちゅう》になっている者《もの》は、ほかの物事《ものごと》を顧《かえり》みる余裕《よゆう》がなく、周囲《しゅうい》の情勢《じょうせい》や事《こと》の道理《どうり》を理解《りかい》することができないということ。

親《した》しき中《なか》にも礼儀《れいぎ》あり

A hedge between keeps friendship green.

親《した》しくなると、相手《あいて》への遠慮《えんりょ》がなくなり、不仲《ふなか》の原因《げんいん》になりかねないので、いかに親《した》しい仲《なか》でもそれなりの礼儀《れいぎ》を心得《こころえ》て、節度《せつど》あるつき合《あ》いをせよということ。

蛇《じゃ》の道《みち》は蛇《へび》

Set a thief to catch a thief.

同類《どうるい》の者《おの》にとって同《おな》じ仲間《なかま》のことなら、何《なん》でもすぐにわかるということ。

捨《す》てる神《かみ》あれば拾《ひろ》う神《かみ》あり

When one door shuts, another opens.

人《ひと》から見捨《みす》てられてしまうこともあれば、また一方《いっぽう》では助《たす》けてくれる人《ひと》もいるように、世《よ》の中《なか》は広《ひろ》くさまざまなことがあるのだから、たとえ不運《ふうん》なことがあってもくよくよするなということ。

背《せ》に腹《はら》はかえられぬ

Necessity knows no law.

だいじなことのためには、ほかのことが犠牲《ぎせい》になってもやむを得《え》ないということ。

船頭多《せんどうおお》くして船山《ふねやま》にのぼる

Too many cooks spoil the broth.

指揮《しき》する人《ひと》が多数《たすう》いるために統率《とうそつ》がとれず、物事《ものごと》がうまく運《はこ》ばなかったり、とんでもない方向《ほうこう》に進《すす》んでしまったりすること。

善《ぜん》は急《いそ》げ

Make hay while the sun shines.

よいと思《おも》ったら、ためらうことなくすぐに実行《じっこう》せよということ。

千里《せんり》の道《みち》も一歩《いっぽ》から

Little by little one goes far.

どんな遠大《えんだい》な計画《けいかく》も、はじめはまず、ごく手近《てじか》なところから始《はじ》まるということ。

備《そな》えあれば憂《うれ》いなし

Lay by something for a rainy day.

普段《ふだん》から準備《じゅんび》をしておけば、いざというとき何《なに》も心配《しんぱい》がないということ。

立《た》つ鳥跡《とりあと》を濁《にご》さず

It is foolish bird that defiles its own nest.

立《た》ち去《さ》る者《もの》は、見苦《みぐる》しくないようきれいに始末《しまつ》をしていくべきということ。

短気《たんき》は損気《そんき》
Out of temper, out of money.

短気《たんき》を起《お》こせばいらいらしたり、周《まわ》りの人《ひと》とうまくいかなかったりして、損《そん》をすることになるということ。

月《つき》とすっぽん
As burr around the moon bodes wind and rain.

二《ふた》つのものに、あまりにも比較《ひかく》できないほどのいちじるしい差《さ》があること。

爪《つめ》に火《ひ》を灯《とも》す
He will shave a whetstone.

非常《ひじょう》にけちなこと。また、せっせと倹約《けんやく》することのたとえ。

天《てん》は苦心《くしん》の人《ひと》に負《そむ》かず

天《てん》は努力《どりょく》をしている人《ひと》を見捨《みす》てたりしないということ。

隣《となり》の芝《しば》はよく見《み》える

The grass is always greener on the other side of the fence.

他人《たにん》のものは何《なん》でもよく見《み》えて、うらやましく思《おも》うこと。また、他人《たにん》の持《も》つ珍《めずら》しいものをすぐに欲《ほ》しがること。

捕《と》らぬ狸《たぬき》の皮《かわ》算用《ざんよう》

Don't count your chickens before they are hatched.

まだ手《て》に入《い》れていないうちから期《き》待《たい》をかけて、あれこれと計画《けいかく》を立《た》てたりすること。

虎《とら》の威《い》を借《か》りる狐《きつね》

An ass in a lion's skin.

権力《けんりょく》、権勢《けんせい》のある人《ひと》の力《ちから》をかさに着《き》て威張《いば》る人《ひと》のこと。

泥棒《どろぼう》に追《お》い銭《せん》（盗人《ぬすっと》に追《お》い銭《せん》）

Throwing good money after bad.

損《そん》をした上《うえ》にさらに損《そん》をするということ。

泣《な》きっ面《つら》に蜂《はち》

Misfortunes never come singly.

困《こま》っているときに、さらに困《こま》ったことが起《お》こって、立《た》て続《つづ》けに不運《ふうん》に見舞《みま》われること。

七転《ななころ》び八起《やお》き

A man's walking is succession of falls.

何度《なんど》失敗《しっぱい》しようとくじけることなく、心《こころ》を奮《ふる》い立《た》たせてあきらめずに頑張《がんば》ること。

習《なら》うより慣《な》れろ

Practice makes perfect.

物事《ものごと》は他人《たにん》に教《おし》えてもらったり習《なら》ったりして頭《あたま》で覚《おぼ》えるより、実際《じっさい》に経験《けいけん》を積《つ》み、体《からだ》で覚《おぼ》えるほうが早《はや》く身《み》につくということ。

二兎《にと》を追《お》う者《もの》は一兎《いっと》をも得《え》ず

One who runs after two hares will catch neither.

欲張《よくば》って一度《いちど》に二《ふた》つのものを手《て》に入《い》れようとすると、結局《けっきょく》はどちらも手《て》に入《い》れることができなくなるということ。

猫《ねこ》の首《くび》に鈴《すず》（だれが猫《ねこ》の首《みみ》に鈴《すず》をつけるのか？）

Who is to bell the cat?

計画《けいかく》の段階《だんかい》ではよいと思《おも》われることであっても、いざ実行《じっこう》となると成功《せいこう》や実現《じつげん》の見《み》込《こ》みがないこと。鼠《ねずみ》が猫《ねこ》から身《み》を守《まも》るために、猫《ねこ》の首《くび》に鈴《すず》をつけて鈴《すず》の音《ね》がしたら逃《に》げればよいという方法《ほうほう》を思《おも》いついたが、だれがその鈴《すず》を猫《ねこ》の首《くび》につけに行《い》くかということになると、そのような危険《きけん》なことを引《ひ》き受《う》ける鼠《ねずみ》はいなかったという『イソップ物語《ものがたり》』の話《はなし》より。

能《のう》ある鷹《たか》は爪《つめ》を隠《かく》す

Cats hide their claws.

すぐれた才能《さいのう》を持《も》っている人《ひと》は、日頃《ひごろ》はその才能《さいのう》をむやみにひけらかすようなことはしないということ。

喉元《のどもと》過《す》ぎれば熱《あつ》さを忘《わす》れる

The danger past, and God forgotten.

どんなに苦《くる》しいこと、つらいことでも、それが過《す》ぎ去《さ》ってしまうと、何事《なにごと》もなかったかのように忘《わす》れてしまうものだということ。

登《のぼ》れない木《き》は仰《あお》ぎ見《み》るな

身分不相応《みぶんふそうおう》なことを望《のぞ》んでも無理《むり》だから、ほどよいところで満足《まんぞく》せよということ。

暖簾《のれん》に腕押《うでお》し

He catches the wind with a net.

まるで手《て》ごたえもなく、張《は》りあいもないこと。

歯《は》に衣《きぬ》を着《き》せぬ

Call a spade a spade.

相手《あいて》に思《おも》っていること、言《い》いたいことを、遠慮《えんりょ》なくずばりと言《い》うこと。

腹《はら》が減《へ》っては戦《いくさ》ができぬ

The stomach carries the feet.

何《なに》はともあれまずは腹《はら》ごしらえをしなければならないということ。

腹八分目《はらはちぶんめ》に医者《いしゃ》いらず

Feed by measure and defy the physician.

お腹《なか》いっぱいまで食《た》べずに、いつも腹八分目《はらはちぶんめ》ぐらいにしておけば、健康《けんこう》によく、医《い》者《しゃ》にかかるようなこともないということ。

歯《は》を食《く》いしばる

怒《いか》りや無念《むねん》さなどを懸命《けんめい》にこらえる。

人《ひと》の口《くち》に戸《と》は立《た》てられない

People will talk.

他人《たにん》の口《くち》に戸《と》を立《た》てて口《くち》を封《ふう》じることはできないように、人《ひと》の噂話《うわさばなし》はやめさせることもできないし、防《ふせ》ぎようもないということ。

人《ひと》の振《ふ》り見《み》て我《わ》が振《ふ》り直《なお》せ

Learn wisdom by the follies of others.

他人《たにん》の行《おこな》いを見《み》て参考《さんこう》にして、もし自分《じぶん》に悪《わる》い点《てん》があったら反省《はんせい》して改《あらた》めるように心《こころ》がけよということ。

百聞《ひゃくぶん》は一見《いっけん》に如《し》かず

Seeing is believing.

人《ひと》の話《はなし》を何度《なんど》も聞《き》くよりも、実際《じっさい》に自分《じぶん》の目《め》で見《み》て確《たし》かめるほうがはるかによく理《り》解《かい》できるということ。

豚《ぶた》に真珠《しんじゅ》

Cast not pearls before swine.

どんな値打《ねう》ちのあるものでも、その値打《ねう》ちがわからない者《もの》が持《も》てば、何《なん》の役《やく》にも立《た》たず、無駄《むだ》であるということ。

へそで茶《ちゃ》を沸《わ》かす

It would make a horse laugh.

おかしくて仕方《しかた》ないこと。また、ばかばかしくて笑《わら》わずにはいられないこと。

仏《ほとけ》の顔《かお》も三度《さんど》まで

When the pots full it will boil over.

どんなに情け深《なさぶか》く心優《こころやさ》しい人《ひと》でも、何度《なんど》もひどい仕打《しう》ちを受《う》けると、しまいには怒《おこ》りだすということ。

頬《ほほ》が落《お》ちる

この上《うえ》なく美味《びみ》であるということ。

迷《まよ》わんよりは問《と》え

A man becomes learned by asking questions.

自分一人《じぶんひとり》であれこれ思《おも》い悩《なや》むよりも、人《ひと》に聞《き》いたほうがいいということ。

身《み》から出《で》た錆《さび》

An ill life, an ill end.

自分《じぶん》が犯《おか》した言動《げんどう》や過失《かしつ》など、自分自身《じぶんじしん》が作《つく》った原因《げんいん》で苦《くる》しみ悩《なや》むこと。

胸《むね》を躍《おど》らせる

喜《よろこ》びや興奮《こうふん》などで胸《むね》をわくわくさせる。

無理《むり》が通《とお》れば道理《どうり》が引《ひ》っ込《こ》む

When might is master, justice is servant.

理《り》に合《あ》わないことが通用《つうよう》するような世《よ》の中《なか》では、道理《どうり》にかなったことは行《おこな》われなくなるということ。

目《め》から鼻《はな》に抜《ぬ》ける

非常《ひじょう》に頭《あたま》の回転《かいてん》が速《はや》く、利口《りこう》で賢《かしこ》いこと、また物事《ものごと》の判断《はんだん》がすばやく抜《ぬ》け目《め》がないこと。

目《め》には目《め》を、歯《は》には歯《は》を

An eye for an eye, and a tooth for a tooth.

害《がい》を加《くわ》えられたら、やられたのと同等《どうとう》の報復《ほうふく》をすることのたとえ。

目《め》は口程《くちほど》に物《もの》を言《い》う

The eyes have one language everywhere.

目《め》は、口《くち》で言《い》うのと同《おな》じくらい、人《ひと》の気持《きも》ちを相手《あいて》に伝《つた》えることができるということ。

安物買《やすものが》いの銭失《ぜにうしな》い

A cheap purchase is money lost.

値段《ねだん》の安《やす》いものは安《やす》いなりに品質《ひんしつ》が悪《わる》くてすぐに壊《こわ》れてしまったり、使《つか》いにくかったりなどして買《か》い替《か》える羽目《はめ》になり、結局《けっきょく》は高《たか》いものを買《か》って損《そん》をするということ。

やぶを突《つ》いて蛇《へび》を出《だ》す（やぶ蛇《へび》）

Let sleeping dogs lie.

余計《よけい》なことをして、かえって災《わざわ》いを招《まね》いたりすること。

油断大敵《ゆだんたいてき》

Security is the greatest enemy.

たいしたことはないだろうと、たかをくくって油断《ゆだん》していると、思《おも》わぬ失敗《しっぱい》をするということ。

論《ろん》より証拠《しょうこ》

The proof of the pudding is in the eating.

あれこれ論《ろん》じるよりも、具体的《ぐたいてき》な証拠《しょうこ》を示《しめ》すほうが、物事《ものごと》をはっきりさせるということ。

禍《わざわい》独《ひと》り行《い》かず（福《ふく》重《かさ》ねて至《いた》らず禍《わざわい》必《かなら》ず重《かさ》ねて来《く》る）

災難《さいなん》は、繰《く》り返《かえ》し起《お》こりやすいということ。

渡《わた》る世間《せけん》に鬼《おに》はなし

There is kindness to be found everywhere.

世《よ》の中《なか》には薄情《はくじょう》な人《ひと》ばかりいるわけではなく、困《こま》っているときに助《たす》けてくれる心《こころ》の優《やさ》しい、情《なさ》け深《ぶか》い人《ひと》もいるということ。

笑《わら》う門《かど》には福来《ふくきた》る

Fortune comes in by a merry gate.

いつも楽《たの》しそうにしている人《ひと》の家《いえ》にはおのずと幸《しあわ》せがやってくる。つらさや悲《かな》しさにくじけずに明《あか》るく暮《く》らしていれば、いつか必《かなら》ず幸《しあわ》せが訪《おとず》れるということ。

知《し》っておきたい座右《ざゆう》の銘《めい》になる

論語《ろんご》

論語《ろんご》とは

古代中国《こだいちゅうごく》の春秋時代《しゅんじゅうじだい》の思想家《しそうか》で儒教《じゅきょう》の始祖《しそ》、孔子《こうし》と彼《かれ》の高弟《こうてい》の言行《げんこう》を孔子《こうし》の死後《しご》、弟子《でし》たちが記録《きろく》した書物《しょもつ》です。

日本《にほん》では経書《けいしょ》（儒教《じゅきょう》で特《とく》に重要《じゅうよう》とされる文献《ぶんけん》）として古代《こだい》より読《よ》まれてきました。

現代《げんだい》においても、処世術《しょせいじゅつ》、経営術《けいえいじゅつ》や道徳心《どうとくしん》、豊《ゆた》かな心《こころ》を育《はぐく》むことに応用《おうよう》できる書物《しょもつ》として、多《おお》くの人《ひと》に愛読《あいどく》されています。

苟《いやし》くも我《われ》を用《もち》うる者《もの》あらば、期月《きげつ》のみにして可《か》なり。三年《さんねん》にして成《な》すことあらん

私《わたし》に政治《せいじ》をまかせてくれるなら、一年《いちねん》で成果《せいか》を出《だ》して、三年《さんねん》で理想《りそう》の国《くに》にしてみせる。

これを知《し》る者《もの》はこれを好《この》む者《もの》に如《し》かず、これを好《この》む者《もの》はこれを楽《たの》しむ者《もの》に如《し》かず

その事柄《ことがら》を理解《りかい》していると思《おも》っても、本当《ほんとう》に好《す》きな人《ひと》の知識《ちしき》にはかなわない。しかし、その好《す》きな人《ひと》の知識《ちしき》も、それを楽《たの》しんでいる人《ひと》の知識《ちしき》にはかなわないものだ。

まず其《そ》の言《こと》を行《おこな》い、而《しか》して後《あと》にこれに従《したが》う

まずは行動《こうどう》で見《み》せてから言葉《ことば》にすること。

勇《ゆう》にして礼《れい》なければ則《すなわ》ち乱《みだ》る

勇敢《ゆうかん》なだけで礼儀《れいぎ》を知《し》らない者《もの》は、ただの乱暴者《らんぼうもの》である。

意《い》なく、必《ひつ》なく、固《こ》なく、我《が》なし

確認《かくにん》せずに想像《そうぞう》で物事《ものごと》を決《き》めつけてはいけない。先入観《せんにゅうかん》で決《き》めてかかってはいけない。頑固《がんこ》に自分《じぶん》の考《かんが》えを通《とお》そうとせずに人《ひと》の意見《いけん》も聞《き》くこと。自分《じぶん》と人《ひと》の間《あいだ》に垣根《かきね》を作《つく》ってはいけない。

一《いち》を聞《き》いて以《もっ》て十《じゅう》を知《し》る

一《いち》を聞《き》けば、そこから十《じゅう》のことを理解《りかい》する。

過《す》ぎたるはなお及《およ》ばざるが如《ごと》し

やりすぎることは、やり足《た》りないのと同《おな》じようによいこととはいえない。

過《あやま》ちて改《あらた》めざる、これを過《あやま》ちという

過《あやま》ちはだれにでもあるが、それを悔《く》い改《あらた》めないことが本当《ほんとう》の過《あやま》ちだ。

我《われ》は生《う》まれながらにしてこれを知《し》る者《もの》に非《あら》ず。古《ふる》きを好《この》み、敏《びん》にし

て以《もっ》てこれを求《もと》めたる者《もの》なり

私《わたし》は生《う》まれながら、いろいろなことを知《し》っていたわけではない。昔《むかし》の人《ひと》が残《のこ》した知《ち》恵《え》を学《まな》ぶのが好《す》きで、学問《がくもん》に没頭《ぼっとう》しているだけである。

我《われ》を知《し》る者《もの》は其《そ》れ天《てん》か

私《わたし》の気持《きも》ちをわかってくれるのは、天《てん》だけである。

我《われ》三人《さんにん》行《おこな》えば必《かなら》ず我《わ》が師《し》あり。其《そ》の善《よ》き者《もの》を択《えら》びてこれに従《したが》う。其《そ》の善《よ》からざる者《もの》にしてこれを改《あらた》む

私《わたし》は三人《さんにん》で行動《こうどう》すれば、ほかの二人《ふたり》を自分《じぶん》の師《し》にすることができる。二人《ふたり》のうち良《よ》い方《ほう》から良《よ》いところを学《まな》び、悪《わる》い方《ほう》からは悪《わる》いところを反面教師《はんめんきょうし》とすることができる。心《こころ》がけしだいでどんな人《ひと》でも師《し》になるのだ。

我《われ》仁《じん》を欲《ほっ》すれば、これに仁《じん》至《いた》る

愛《あい》が欲《ほ》しいと本当《ほんとう》に思《おも》えば、すぐ隣《となり》にある。

学《まな》びて時《とき》にこれを習《なら》ふ。亦《ま》た説《よろこ》ばしからずや

教《おし》えてもらったことを復習《ふくしゅう》して身《み》につける。なんと喜《よろこ》ばしいことではないか。

学《まな》べば則《すなわ》ち固《かた》くならず

学問《がくもん》によって考《かんが》え方《かた》が柔軟《じゅうなん》になる。

義《ぎ》を見《み》てせざるは勇《ゆう》なきなり

正《ただ》しいことをしなければならないときこそ、行動《こうどう》に移《うつ》さなければ、それは勇気《ゆうき》のない人間《にんげん》である。

恭《きょう》にして礼《れい》なくば則《すなわ》ち労《ろう》する。慎《しん》にして礼《れい》なくば則《すなわ》ち葸《し》す。勇《ゆう》にして礼《れい》なくば則《すなわ》ち乱《みだ》る。直《ちょく》にして礼《れい》なくば則《すなわ》ち絞《こう》す。

丁寧《えいねい》にして相手《あいて》をうやまっても、礼儀《れいぎ》にかなっていなければ苦労《くろう》するだけで伝《つた》わらない。慎《つつし》み深《ぶか》くしても、礼儀《れいぎ》にかなっていなければ臆病《おくびょう》と思《おも》われる。勇敢《ゆうかん》であっても、礼儀《れいぎ》にかなっていなければ乱暴者《らんぼうもの》でしかない。正直《しょうじき》に思《おも》ったことを言《い》っても、礼儀《れいぎ》にかなっていなければ他人《たにん》に厳《きび》しいだけになる。

君子《くんし》は義《ぎ》にさとり、小人《しょうじん》は利《り》にさとる

何《なに》かあったときに、立派《りっぱ》な人《ひと》は正義《せいぎ》から考《かんが》える。心《こころ》が狭《せま》い人《ひと》は自分《じぶん》の損得《そんとく》で考《かんが》える。

君子《くんし》はこれを己《おのれ》に求《もと》め、小人《しょうじん》はこれを人《ひと》に求《もと》む

何《なに》か問題《もんだい》が起《お》きると、立派《りっぱ》な人《ひと》は自分《じぶん》の中《なか》に原因《げんいん》を求《もと》めて反省《はんせい》するが、だめな人《びと》は他人《たにん》のせいにする。

君子《くんし》は上達《じょうたつ》す。小人《しょうじん》は下達《かたつ》す

勉強《べんきょう》する人《ひと》は、世《よ》の中《なか》の大切《たいせつ》なことや難《むずか》しいことがだんだんわかるようになる。怠《たい》惰《だ》な人《ひと》は、だんだん世《よ》の中《なか》の低俗《ていぞく》なことしか見《み》えなくなる。

君子《くんし》は争《あらそ》う所《ところ》なし

立派《りっぱ》な人《ひと》は喧嘩《けんか》をしない。

君子《くんし》は憂《うれ》えず、懼《おそ》れず

立派《りっぱ》な人《ひと》とは、心《こころ》にやましいところがないので、ビクビクしたりしないものだ。

君子《くんし》は和《わ》して同《どう》せず、小人《しょうじん》は同《どう》じて和《わ》せず

立派《りっぱ》な人《ひと》は、人《ひと》の意見《いけん》に振《ふ》りまわされることはない。だめな者《もの》は人《ひと》に振《ふ》りまわされる。

己《おのれ》に如《し》かざる者《もの》を友《とも》とすることなかれ

友達《ともだち》は自分《じぶん》より優《すぐ》れた人《ひと》を選《えら》びなさい。

己《おのれ》の欲《ほっ》せざるところは、人《ひと》に施《ほどこ》すことなかれ

自分《じぶん》が嫌《いや》なことは、人《ひと》にしてはならない。

故《ふる》きを温《たず》ねて新《あたら》しきを知《し》る

過去《かこ》を学《まな》ぶことは、現在《げんざい》を知《し》り新《あたら》しい発見《はっけん》に通《つう》じる。

吾《われ》十有五《じゅうゆうご》にして学《がく》に志《こころざ》す。三十《さんじゅう》にして立《た》つ。四十《しじゅう》にして惑《まど》わず。五十《ごじゅう》にして天命《てんめい》を知《し》る。六十《ろくじゅう》にして耳順《みみしたが》う。七十《ななじゅう》にして心《こころ》の欲《ほっ》する所《ところ》に従《したが》えども矩《のり》を踰《こ》えず

私《わたし》は十五歳《じゅうごさい》で学問《がくもん》を志《こころざ》し、三十歳《さんじゅっさい》で独立《どくりつ》し、四十歳《よんじゅっさい》で迷《まよ》いが消《き》え、五十歳《ごじゅっさい》で使命《しめい》を知《し》り、六十歳《ろくじゅっさい》で人《ひと》の意見《いけん》を聞《き》けるようになり、七十歳《ななじゅっさい》で人《ひと》の道《みち》を踏《ふ》み外《はず》すことがなくなった。

今汝《いまなんじ》は画《かぎ》れり

今《いま》のあなたは、やる前《まえ》から自分《じぶん》には無理《むり》だと決《き》めつけている。

三《み》たび思《おも》いて後《のち》これを行《おこな》う

物事《ものごと》を始《はじ》めるときは、三度《さんど》考《かんが》え直《なお》してから着手《ちゃくしゅ》するとよい。

三軍《さんぐん》も帥《すい》を奪《うば》う可《べ》きなり。匹夫《ひっぷ》も志《こころざし》を奪《うば》う可《べ》からざるなり

大軍《たいぐん》から大将《たいしょう》を奪《うば》うことはできるが、人《ひと》の志《こころざし》を奪《うば》い取《と》ることはできない。

辞《じ》は達《たっ》するのみ

言葉《ことば》は意味《いみ》が通《つう》じればよい。飾《かざ》ったり心《こころ》にもないお世辞《せじ》を言《い》ったりする必要《ひつよう》はない。

小利《しょうり》を見《み》れば即《すなわ》ち大事《だいじ》成《な》らず

目先《めさき》の小《ちい》さな利益《りえき》に惑《まどわ》されていると、大《おお》きな仕事《しごと》をやり遂《と》げることはできない。

人《ひと》にして信《しん》なくんば、其《そ》の可《か》なるを知《し》らざるなり

人間《にんげん》の社会《しゃかい》は信義《しんぎ》に基《もと》づいて成《な》り立《た》っている。信義《しんぎ》なくしては人間関係《にんげんかんけい》も社会《しゃかい》も成《せい》立《りつ》しない。だから、人《ひと》として信義《しんぎ》のない者《もの》は、よいとは認《みと》められない。

人《ひと》の己《おのれ》を知《し》らざるを患《うれ》えず、己《おのれ》の人《ひと》を知《し》らざるを患《うれ》う

相手《あいて》が自分《じぶん》をわかってくれないことよりも、まず自分《じぶん》が相手《あいて》をわかっていないことを考《かんが》えるべきだ。

人《ひと》の生《い》くるや直《なお》し。これなくして生《い》くるや、幸《さいわ》いにして免《まぬか》るるなり

本来《ほんらい》、人間《にんげん》はまっすぐに生《い》きるものである。はずれた生《い》き方《かた》をしているのは、たまたまなのだ。

性《せい》は相近《あいちか》し。習《なら》えば相遠《あいとお》し

人間《にんげん》は生《う》まれるときには個人《こじん》に差《さ》はないが、その後《ご》の習慣《しゅうかん》や教育《きょういく》の違《ちが》いによって、差《さ》や違《ちが》いが生《しょう》じてくる。

成事《せいじ》は説《と》かず、遂事《すいじ》は諫《いさ》めず、既往《きおう》は咎《とが》めず

すんだことはとやかく言《い》わない。やってしまったことは批判《ひはん》しない。過去《かこ》のあやまちは非難《ひなん》しない。

多《おお》く聞《き》き、その善《よ》きものを択《えら》びてこれに従《したが》う

多《おお》くの人《ひと》の話《はなし》を聞《き》いて、その中《なか》からよいと思《おも》う意見《いけん》を参考《さんこう》にする。

天《てん》を怨《うら》まず人《ひと》を尤《とが》めず、下学《かがく》して上達《じょうたつ》す。我《われ》を知《し》る者《もの》は其《そ》れ天《てん》なるか

天《てん》を怨《うら》むことも人《ひと》を非難《ひなん》することもせず、身近《みじか》な事柄《ことがら》から難《むずか》しい学問《がくもん》に至《いた》るまで学《まな》んできた。そんな私《わたし》を天《てん》だけが理解《りかい》してくれる。

怒《いか》りを遷《うつ》さず、過《あやま》ちを弐《ふたた》びせず

腹《はら》を立《た》てても八《や》つ当《あ》たりせず、同《おな》じ間違《まちが》いを繰《く》り返《かえ》すこともない。

これを如何《いかん》せん、これを如何《いかん》せんと曰《いわ》ざる者《もの》は、吾《われ》これを如何《いかん》ともすることなきのみ

どうしたらいいか、どうしたらいいか、と常《つね》に自《みずか》らに問《と》わないような人《ひと》には、助言《じょげん》できない。

彼《かれ》を知《し》り、己《おのれ》を知《し》れば、百戦危《ひゃくせんあや》うからず

敵《てき》についても味方《みかた》についても情勢《じょうせい》をしっかり把握《はあく》していれば、幾度戦《いくどたたか》っても敗《やぶ》れることはない。

朋《とも》あり遠方《えんぽう》より来《きた》る、亦《ま》た楽《たの》しからずや

遠《とお》くから友達《ともだち》が訪《たず》ねて来《き》てくれるのは、本当《ほんとう》に楽《たの》しいことである。

未《いま》だに生《せい》を知《し》らず、焉《いずく》んぞ死《し》を知《し》らん

いまだに生《い》きる意味《いみ》がわからないのに、死《し》の意味《いみ》がわかるはずがない。

民《たみ》、信《しん》なくば立《た》たず

みんなから信頼《しんらい》されないということは、その信頼《しんらい》されていない対象《たいしょう》が国《くに》であっても人《ひと》であっても失格《しっかく》である。

予《われ》、否《こば》む所《ところ》のものは、天《てん》これを厭《す》てん、天《てん》これを厭《す》てん

もし私《わたし》に間違《まちが》いがあるなら、天《てん》が私《わたし》に罰《ばつ》を与《あた》えるだろう。必《かなら》ず天《てん》は罰《ばつ》を与《あた》えるだろう。

利《り》に放《ほう》りて行《おこな》えば、怨《うら》み多《おお》し

欲《よく》だけで行動《こうどう》すると、人《ひと》からうらまれることが多《おお》くなる。

力《ちから》足《た》らざる者《もの》は中道《ちゅうどう》にして廃《はい》す。今汝《いまなんじ》は画《かぎ》れり

本当《ほんとう》に実力《じつりょく》が足《た》りないのであれば、すでに病気《びょうき》にでもなっているはず。諦《あきら》めず、もう無理《むり》だと決《き》めつけさえしなければ、今《いま》がどんなに苦《くる》しくても、必《かなら》ず仕事《しごと》や目標《もくひょう》を達成《たっせい》させることができる。

労《ろう》して怨《うら》まず

苦労《くろう》することがあっても、他人《たにん》を恨《うら》むな。

苟《いやし》くも過《あやま》ちあれば、人《ひと》必《かなら》ずこれを知《し》る

もし私《わたし》が間違《まちが》いを犯《おか》しても、だれかがそれを正《ただ》してくれる。

譬《たと》えば山《やま》を為《つく》るがごとし。未《いま》だ一簣《いっき》を成《な》さざるも、止《や》むは吾《わ》が止《や》むなり

最後《さいご》の一運《ひとはこ》びをやめて山《やま》を完成《かんせい》させないというのも自分《じぶん》の意志《いし》である。

關睢《かんしょ》は楽《たの》しみて淫《いん》せず、哀《かな》しみて傷《やぶ》らず

（詩経《しきょう》に出《で》てくる）關睢《かんしょ》という詩《し》は、楽《たの》しみながら必要以上《ひつよういじょう》に楽《たの》しまず、悲《かな》しみながら必要以上《ひつよういじょう》になげくこともない。

人物《じんぶつ》リスト（国別《くにべつ》・五十音順《ごじゅうおんじゅん》）

★アイルランド

（さ行《ぎょう》）

ジョージ・バーナード・ショー　136
ジョナサン・スウィフト　137

★アメリカ

（あ行《ぎょう》）

アーネスト・ヘミングウェイ　130
アンドリュー・カーネギー　80
ウィリアム・スミス・クラーク（クラーク博士）　158
ウォルト・ディズニー　81
エイブラハム・リンカン　106
エレノア・ルーズベルト　108

（さ行《ぎょう》）

ジョージ・ワシントン　109
ジョン・F・ケネディ　110
スティーブ・ジョブズ　82

（た行《ぎょう》）
デール・カーネギー 83
トーマス・エジソン 54

（な行《ぎょう》）
ニール・アームストロング 84

（は行《ぎょう》）
ビル・ゲイツ 85
フランクリン・ルーズベルト 112
ベーブ・ルース 114
ヘレン・ケラー 37
ベンジャミン・フランクリン 115
ヘンリー・フォード 86

（ま行《ぎょう》）
マーティン・ルーサー・キング・ジュニア 38

（ら行《ぎょう》）
ライト兄弟 116

★イギリス

（あ行《ぎょう》）
アイザック・ニュートン 44
アガサ・クリスティー 131
アレクサンダー・グラハム・ベル 47
ウィリアム・シェークスピア 132
ウィンストン・チャーチル 18
オードリー・ヘップバーン 23

（さ行《ぎょう》）
サミュエル・スマイルズ 134
ジョージ・ゴードン・バイロン 135
ジョン・レノン 26

（た行《ぎょう》）
チャールズ・ダーウィン 53
チャールズ・チャップリン 28

（は行《ぎょう》）
フランシス・ベーコン 97
フローレンス・ナイチンゲール 36

★イスラエル（共和制《きょうわせい》ローマのユダヤ地区《ちく》）
（あ行《ぎょう》）
イエス（イエス・キリスト） 16

★イタリア
（か行《ぎょう》）
カエサル（ガイウス・ユリウス・カエサル） 92
ガリレオ・ガリレイ 50
クリストファー・コロンブス 52
（ら行《ぎょう》）
レオナルド・ダ・ヴィンチ 61

★インド
（さ行《ぎょう》）
釈迦《しゃか》（ガウタマ・シッダールタ） 67
（ま行《ぎょう》）
マハトマ・ガンジー 77

★オーストリア
（あ行《ぎょう》）
ヴォルフガング・アマデウス・モーツァルト 22

★オランダ
（は行《ぎょう》）
フィンセント・ファン・ゴッホ 35

★ギリシャ
（あ行《ぎょう》）
アリストテレス 90
（さ行《ぎょう》）
ソクラテス 94
（は行《ぎょう》）
ピタゴラス 95
プラトン 96

★スイス
（か行《ぎょう》）
カール・ユング 49

★スペイン
（は行《ぎょう》）
パブロ・ピカソ 34

★中国《ちゅうごく》
（ら行《ぎょう》）
老子《ろうし》 103
魯迅《ろじん》 139

★ドイツ
（あ行《ぎょう》）
アルトゥル・ショーペンハウアー 91
アルベルト・アインシュタイン 45
アルベルト・シュヴァイツァー 64
アンネ・フランク 15
（は行《ぎょう》）
ハインリッヒ・シュリーマン 138
フリードリヒ・ニーチェ 98
（や行《ぎょう》）
ヨハン・ヴォルフガング・フォン・ゲーテ 100
ヨハン・ゼバスティアン・バッハ 40
（ら行《ぎょう》）
ルートヴィヒ・ヴァン・ベートーヴェン 41

★ブラジル
（あ行《ぎょう》）
アイルトン・セナ 14

★フランス
（さ行《ぎょう》）
サン＝テグジュペリ 24

ジャン＝ジャック・ルソー　93

（な行《ぎょう》）
ナポレオン・ボナパルト（ナポレオン1世）　32

（は行《ぎょう》）
ブレーズ・パスカル　58

（ら行《ぎょう》）
ルネ・デカルト　102
ロマン・ロラン　140

★ポーランド

（ま行《ぎょう》）
マリ・キュリー　59

★マケドニア

（ま行《ぎょう》）
マザー・テレサ　75

★南《みなみ》アフリカ

（な行《ぎょう》）
ネルソン・マンデラ　73

★日本《にほん》

（あ行《ぎょう》）
芥川龍《あくたがわりゅう》之《の》介《すけ》　118
伊能忠敬《いのうただたか》　48
上杉謙信《うえすぎけんしん》　142
上杉鷹山《うえすぎようざん》　143
植村直己《うえむらなおみ》　20
大隈重信《おおくましげのぶ》　159
織田信長《おだのぶなが》　144

（か行《ぎょう》）
勝海舟《かつかいしゅう》（勝安芳《かつやすよし》）　160
金子《かねこ》みすゞ　119
川端康成《かわばたやすなり》　120

北里柴三郎《きたさとしばさぶろう》　51
木戸孝允《きどたかよし》（桂小五郎《かつらこごろう》）　161
空海《くうかい》（弘法大師《こうぼうだいし》）　65
黒田官兵衛《くろだかんべえ》（黒田如水《くろだじょすい》）　146
小早川隆景《こばやかわたかかげ》　147
近藤勇《こんどういさみ》　162

（さ行《ぎょう》）
西郷隆盛《さいごうたかもり》　163
最澄《さいちょう》（伝教大師《でんぎょうだいし》）　66
坂本龍馬《さかもとりょうま》　164
渋沢栄一《しぶさわえいいち》　165
ジョン万次郎《まんじろう》　166
親鸞《しんらん》　68

（た行《ぎょう》）
高杉晋作《たかすぎしんさく》　167
武田信玄《たけだしんげん》（武田晴信《たけだはるのぶ》）　148
太宰治《だざいおさむ》　121
伊達政宗《だてまさむね》　149

谷崎潤一郎《たにざきじゅんいちろう》　122
手塚治虫《てづかおさむ》　30
道元《どうげん》　69
徳川家康《とくがわいえやす》　150
豊田佐吉《とよださきち》　56
豊臣秀吉《とよとみひでよし》　152

（な行《ぎょう》）
夏目漱石《なつめそうせき》　123
新渡戸稲造《にとべいなぞう》　70
二宮尊徳《にのみやそんとく》　72
野口英世《のぐちひでよ》　57

（は行《ぎょう》）
樋口一葉《ひぐちいちよう》　124
福沢諭吉《ふくざわゆきち》　168
本田宗一郎《ほんだそういちろう》　87

（ま行《ぎょう》）
松下幸之助《まつしたこうのすけ》　88
源義経《みなもとのよしつね》　154

主な参考文献（順不同）

『生きる力がわいてくる名言・座右の銘１５００』（ナガオカ文庫）
『人生の指針が見つかる「座右の銘」１３００』（宝島ＳＵＧＯＩ文庫）
『10代のための座右の銘』（大泉書店）
『こども座右の銘』（メトロポリタンプレス）
『世界の名言集』（岩波書店）
『現代語訳　論語』（岩波書店）
『現代語訳　論語』（筑摩書房）
『名言　人生を豊かにするために』（里文出版）
『座右の銘　意義ある人生のために』（里文出版）
『ことわざ・名言事典』（創元社）
『読み・書き・話すための故事ことわざ辞典』（学習研究社）
『「あのひとこと」知ってるつもり?!　ことばのアンソロジー』（日本テレビ放送網）
『賢人の言葉』（海鳥社）
『こころがフワッとする言葉』（廣済堂出版）
『座右の銘が見つかる本』（三笠書房）
『世界の名言１００選』（ＰＨＰ研究所）
『名言録』（ソフトバンククリエイティブ）

その他、雑誌やウェブサイトなども参考にしています。

この本の編集にあたり、さまざまな書籍・雑誌などの文献、資料、ウェブサイトなどを参考にさせていただきました。出典元に関しましては、可能な限り明記しました。また出典元は絶版本や書名ではないものも含まれています。

読みにくいものは旧仮名づかいを現代仮名づかいに改めております。ルビは、原典にはふられていないものであっても、対象読者の年齢と読みやすさを考慮して編集部で付記いたしました。

なお、名言・格言などの座右の銘は出典として記載した書籍外の書でも登場、記述されている場合があります。また翻訳や改訂などでこの本と表現が異なる場合がありますので、ご了承ください。

監修者紹介：
世界各国の政治経済、社会文化について国内外の機関から公開されている統計資料や公的・私的情報をもとに多角的に研究し、日本のグローバル化に貢献するために活動している。

◎ 装丁／藤田知子
◎ 装画／あまえび
◎ 本文イラスト／田中江美華
◎ 編集協力／戸田賀奈子

生《い》きぬく力《ちから》を育《はぐく》む　こども座右《ざゆう》の銘《めい》２８０

2017年　11月15日　　第1刷発行

編　者　／　シャスタインターナショナル
監修者　／　国際政治文化研究会
発行者　／　林　定昭
発行所　／　シャスタインターナショナル
〒203-0013
東京都東久留米市新川町 2-8-16
〈電話〉042-479-2588
http://www.shasta.co.jp

印刷所　／　シナノ書籍印刷株式会社

ISBN978-4-908184-17-8 C8023　Printed in Japan